本书由黄山学院学术著作出版基金资助

智慧景区：游客体验与行为的关系研究

蒋银龙　著

中国海洋大学出版社

·青岛·

图书在版编目（CIP）数据

智慧景区：游客体验与行为的关系研究 / 蒋银龙著.

青岛：中国海洋大学出版社，2025. 3. -- ISBN 978-7
-5670-4184-4

Ⅰ．F590.63-39

中国国家版本馆 CIP 数据核字第 2025SR1789 号

智慧景区：游客体验与行为的关系研究

ZHIHUI JINGQU YOUKE TIYAN YU XINGWEI DE GUANXI YANJIU

出版发行	中国海洋大学出版社		
社　　址	青岛市香港东路 23 号	邮政编码	266071
出 版 人	刘文菁		
网　　址	http://pub.ouc.edu.cn		
责任编辑	郑雪姣	电　　话	0532-85901092
电子邮箱	zhengxuejiao@ouc-press.com		
图片统筹	寒　露		
装帧设计	寒　露		
印　　制	定州启航印刷有限公司		
版　　次	2025 年 3 月第 1 版		
印　　次	2025 年 3 月第 1 次印刷		
成品尺寸	170 mm×240 mm	印　　张	13.25
字　　数	230 千	印　　数	1～2000
定　　价	88.00 元		
订购电话	0532-82032573（传真）	18133833353	

发现印刷质量问题，请致电 18133833353 进行调换。

　　智慧旅游作为旅游业发展的新蓝海，其核心在于利用科技力量提升旅游体验，同时不忘给予人文关怀，搭建与游客之间的情感桥梁。通过不断优化智慧旅游服务体系，不仅能够提升我国旅游市场的国际竞争力，还能为全球旅游业的创新发展提供宝贵经验和启示。21 世纪以来，全球化步伐加快、收入水平提升、消费观念升级等多重因素共同推动了全球旅游业的飞速发展。特别是，旅游业已经超越了传统的观光层面，逐步演变成集休闲、娱乐、学习和体验于一体的综合性活动。这一趋势促使各国政府和业界加大了对旅游业基础设施、服务质量和创新技术应用的投入。在我国，随着消费升级和"互联网＋"战略的实施，智慧旅游展现出强劲的发展势头。智慧旅游的核心在于利用现代信息技术，从服务、管理、营销到产品创新等多个维度提升旅游体验。旅游业迎来了前所未有的发展机遇，逐渐从单一的观光游览转变为集休闲、娱乐、学习与体验于一体的复合型业态。在这个转型过程中，智慧旅游作为一种新兴的发展模式，借助数字科技、物联网、大数据、人工智能以及移动通信技术的飞速发展，为旅游业的转型升级插上了翅膀。智慧旅游不仅重构了旅游服务的面貌，还深层次地影响了游客与景区之间的互动方式，开启了旅游体验的新纪元。

　　在全球化背景下，旅游需求日益呈现多元化的趋势，游客不再满足于走马观花式的游览，而是追求更加个性化、便捷化的旅游体验。与此同时，技术进步为旅游业的智能化提供了可能，智慧旅游应运而生。国家层面提出的"互联网+"战略和《"十四五"旅游业发展规划》，鼓励运用新技术手段改造提升传统景区，打造智慧旅游城市和示范点，构建全链条、全方位、全时空的智慧旅游服务体系。这些政策与技术的双重驱动，为智慧旅游的发展铺设了坚实的基石。产业界也积极响应，不仅在一线城市和知名景点推行智慧化改造，还在二、三线城市和乡村地区探索智慧旅游的普及性和特色化发展路径。然而，智慧景区的建设并非仅在于技术应用，游客的主观感受和情感联系同样重要。研究游客在智慧景区的体验质量、愉悦度、感知、满意度、心理依恋程度以及重游意愿之间的相互作用机制，能帮助景区管理者更精准地识别服务不足，制定符合市场需求的个性化体验项目和精细化营销策略。此外，通过深入挖掘和分析游客行为数据，还可以助力景区把握未来发展趋势，预见并解决潜在问题，从而更好地促进旅游业的健康发展和提升游客的整体体验。在智慧旅游的框架下，游客的主观感受和情感联系成为评价景区服务质量的重要维度。景区管理者必须认识到，技术的引入虽能大幅提升效率与便利性，但旅游的本质依然是人与环境的互动，情感体验才是触动游客心灵的关键。未来，智慧旅游的发展将更加注重体验的深度与情感的温度，让每一次旅行都成为一次心灵的触动、一次难忘的记忆。总的来说，我国智慧景区的发展研究不仅对提升国内旅游市场的竞争力具有实际意义，而且为全球旅游业在信息化时代的创新发展提供了有价值的参考样本和实践经验。

本书内容新颖，研究视角独特，不仅可供科研单位和高等院校从事旅游开发与规划、旅游管理、景区开发等相关研究和教学人员参考和借鉴，同时对于景区一线管理人员也有一定的指导意义。

写作过程中，笔者参考了大量文献和最新研究资料，对于有明确来源的参考均在书文中予以标注，在此对相关科研工作者表达衷心感谢。部分内容来源于互联网的原始资料，经梳理后在本书中使用，由于缺乏完整出处，无法具体标明，笔者向所有引用资料和参考文献的作者表达深深的谢意和崇高的敬意。求学和工作过程中，笔者得到很多师长、同事的帮助和指导，在这里特别感谢韩国又松大学 Min Bo-Young 和 Kim Hyesun 教授，黄山学院旅游学院刘婷教授、金一星副教授、汪颖达老师和陈铮老师。

本书由蒋银龙（黄山学院，旅游学院）列出大纲并撰写，刘婷（黄山学院，旅游学院）、金一星（黄山学院，旅游学院）对全书结构和框架予以修订，汪颖达（黄山学院，旅游学院）、陈铮（黄山学院，旅游学院）协助校对和订正。在本书的编写过程中获多个项目的资助，如 2022 年黄山学院人才启动项目"安徽省智慧景区游客愉悦度、满足度、地方依恋与行动意图间的关系研究"（2022xskq007）；2023 年安徽省教育厅人文社会科学重点项目"徽文化智慧旅游发展路径研究"（2023AH051354），"海洋空间旅游活动偏好、舒适度与感知价值间的关系研究"（2022xskq008）；2024 年安徽省教育厅人文社会科学重点项目"元宇宙赋能徽文化旅游高质量发展机制及实现路径研究"（2024AH053265）；2024 年安徽省区域文化与智慧旅游融合效应重点实验室重点项目'大黄山'乡村康养旅游产业创新发展机制及实现路径研究"（WLSYS202409）；2024 年度安徽省高等学校科学研究项目（人文社会科学）重点项目"社会协同作用下'大黄山'区域文旅人才生态体系的构建研究"（2024AH053271）、2021 年度安徽省哲学社会科学规划一般项目（AHSKY2021D29）。本书还得到区域文化与智慧旅游融合效应安徽省哲学社会科学重点实验室、黄山学院康养旅游创新发展研究中心、黄山学院教师应用能力发展工作站（黄山人才发展集团）的支持。

由于笔者研究水平有限，书中难免存在不足，敬请读者批评指正。

蒋银龙

2025 年 3 月 5 日

目 录

第一章 引 言

21世纪以来，经济全球化步伐的加快、收入水平人们的不断提升、消费观念的升级等多重因素共同推动了全球旅游业的飞速发展，旅游业已经超越了传统的观光层面，逐渐演变成集休闲、娱乐、学习和体验于一体的综合性活动。这一趋势促使各国政府和业界加大了对旅游业基础设施、服务质量和创新技术应用的投入。智慧旅游作为应对现代旅游业挑战和抓住机遇的关键策略，在数字科技、物联网（Internet of Things, IoT）、大数据、人工智能（Artificial Intelligence, AI）及移动通信等技术的支持下，实现了旅游服务的智能化转型，包括服务、管理、营销和产品创新等方面。例如，通过虚拟现实（Virtual Reality, VR）预览景点、智能导航系统优化行程规划、人脸识别技术简化入园流程、实时数据分析改善游客体验以及环境监测管理系统维护景区的可持续发展等实践，智慧景区正在重新定义旅游业的服务标准和游客的互动方式。

在我国，随着消费升级和"互联网+"战略的实施，智慧旅游展现出强劲的发展势头，旅游业迎来了前所未有的发展机遇，逐渐从单一的观光游览转变为集休闲、娱乐、学习与体验于一体的复合型业态。在这个转型过程中，智慧旅游作为一种新兴的发展模式，借助各类先进的科学技术，为旅游业的转型升级插上了翅膀。智慧旅游不仅重构了旅游服务的面貌，而且影响了游客与景区之间的互动方式，开启了旅游体验的新时代。

在数字经济与旅游业深度融合的背景下，我国智慧旅游已形成政策引领、技术驱动与产业实践协同发展的新格局。国家层面通过《"十四五"旅游业发展规划》和《智慧旅游创新发展行动计划》构建政策体系，推动 5G 网络覆盖、大数据平台建设及沉浸式场景开发，2024年智慧旅游市场规模达 1.25 万亿元，同比增长 20%。技术应用呈现多维度突破：管理端如江苏智慧文旅平台实现全省 252 家 4A 景区动态监管，服务端涌现 AI 导览数字人"王勃"、城市文旅智能体"杭小忆"，营销端依托人工智能生成内容（Artificial Intelligence Generated Content，AIGC）技术实现个性化内容生成。产业实践中，无锡拈花湾推出元宇宙场景和无人驾驶游船，云冈石窟完成虚拟化展示，浙江计划于 2027 年实现景区 5G 全覆盖。当前发展面临技术伦理、数据孤岛及适老化改造等挑战，未来将聚焦数据要素价值释放与情感计算融合，通过情绪识别优化 AR 内容推送，构建以"人本体验"为核心的智慧服务生态，在跨界融合、入境服务优化和数字基建完善中持续引领全球旅游业创新。

智慧旅游的核心在于利用现代信息技术，从服务、管理、营销到产品创新等多个维度提升旅游体验。例如，利用 VR 技术，游客在家就能预览景区，增强了旅游决策的直观性；智能导航系统根据实时数据为游客规划最优行程，减少了旅行中的不确定性和不便；人脸识别技术能够简化入园流程，提升安全性与效率；实时数据分析能够帮助景区管理者快速响应游客需求，不断优化服务体验；环境监测管理系统的部署，保障了景区的可持续发展，实现了经济效益与环境保护的双赢；等等。在智慧旅游的框架下，游客的主观感受和情感联系成为评价景区服务质量的重要维度。景区管理者必须认识到，技术的引入虽能大幅提升效率与便利性，但旅游的本质依然是人与环境的互动，情感体验才是触动游客心灵的关键。因此，如何在智慧化建设中融入人文关怀，创造出令人愉悦、难忘的旅游体验，成为景区发展不可忽视的课题。本研究采用文献综述与实证研究相结合的方法，以近几年访问我国智慧景区的游客为调查对象，通过精心设计的问卷，从体验、愉悦度、满意度、心理依恋及行动意图五个维度展开深入探究。本研究使用社会科学统计软件包（Statistical Package for the Social Sciences, SPSS）进行数据分析，包括频率分析、可信度分析、探索性因素分析及回归分析，以验证研究假设。研究结果显示，娱乐体验、逃避体验和审美体验对游客的愉悦度和满意度有着显著的正面影响，而教育体验在本次研究中并未表现出同等显著性，这提示景区管理者在设计体验项目时，应更多地关注娱乐性、新颖性和美学价值。愉悦度与满意度对游客心理依恋的形成起着决定性作用，而这种依恋感又是促使游客产生重游意愿和积极推荐行为的关键因素。这表明，提升游客的情感体验，不仅能够提升其当下的满意度，更能通过情感纽带的建立，促进景区的长远发展。

　　基于上述研究发现，智慧景区的管理者应当注重以下几点：一是加强体验设计的娱乐性、新颖性和美学价值，同时积极探索教育体验的新模式，使之更贴近游客需求；二是利用大数据分析，实时监测游客反馈，及时调整服务策略，确保游客的愉悦度与满意度；三是建立情感链接，通过故事化营销、个性化服务等方式，加深游客与景区的情感联系；四是注重可持续发展，将环保理念融入智慧旅游的每一个环节，提升景区的绿色形象。通过这些实证分析，本研究梳理了我国智慧景区的体验、愉悦度、满意度、依恋及行动意图之间的影响关系，在此基础上，还确认了提高我国智慧景区体验要素的重要性和必要性，并通过研究结果得出了学术启示和实务启示，提出了今后进一步研究的方向。

第一节　研究的背景

21 世纪以来，旅游业呈现持续增长和多元化发展趋势，是世界上增长较快的经济领域之一，游客活动占据着世界经济的重要部分。我国自1978 年改革开放以来，经济快速增长，2018 年，国内生产总值（Gross Domestic Product, GDP）约为 91.9 万亿元，中华人民共和国文化和旅游部发布的 2018 年旅游市场基本情况显示，2018 年全年实现旅游总收入5.97 万亿元。我国旅游业持续发展，2019 年，我国国内游客量突破 60亿人次，入境游客约 1.45 亿人次，我国成为巨大的旅游市场。文化和旅游部发布的 2019 年旅游市场基本情况则显示，旅游业对 GDP 的综合贡献为 10.94 万亿元，占 GDP 总量的 11.05%。旅游业的快速发展对国家经济产生了较大的影响，而且随着市场规模的扩大，大量游客涌入，交通业、住宿业、餐饮业、旅游景点等旅游业的各个领域在现实中都面临着新的机遇和挑战。

从 20 世纪 60 年代开始，由于信息与通信技术（Information and Communication Technology, ICT）的发展，全球分销系统（Global Distribution System, GDS）、计算机预定系统（Computer Reservations System, CRS）等被引入旅游业，这些系统使旅游业的流通渠道和游客的行为发生了变

化。旅游业和ICT产业融合的智慧旅游主要是为了向游客提供高品质和高满意度的定制服务。随着智慧旅游的发展,出现了互联网、电子旅游(e-Tourism)、智能手机等新概念和技术。这些技术包括最近的社交媒体和旅游应用程序(Application, App),在很长一段时间内紧密联系并持续发展。最近,智慧旅游在经历第四次工业革命的同时,与ICT、IoT等技术相融合,重新诞生为智慧旅游城市这一概念的旅游城市,因能为游客提供与众不同的旅游形式而备受关注。第四次工业革命可以用超链接、超智能化、融合化来解释,随着在线旅行社(Online Travel Agency, OTA)等平台经济模式的出现,加强对象之间有机联系的"超链接"现象正在扩大,基于大数据对接的按需(on-demand)方式的超智慧旅游服务已经进入实现阶段。另外,以共享经济为基础的超融合化、定制化服务之间的联系领域有望出现新的技术、产业等。

随着全球进入第四次工业革命时代,我国开始发展智慧景区,展开智慧景区的研究。我国旅游学界强调智慧旅游以智慧景区为基础。邓贤峰、李霞认为,以景区创新服务和管理理论为背景,结合现代通信技术和信息技术,将景区管理信息化,建立服务智能体系,叫作智慧景区。[①]2010年中国九寨沟"智慧景区"研讨会上确定,九寨沟景区将基于射频识别(Radio Frequency Identification, RFID)技术,全力推进"智慧九寨"建设,全面提升目前"数字九寨"系统下的景区管理模式,这成为我国智慧旅游建设的开端。2011年,国家旅游局(现文化和旅游部)表示将在10年内推进我国智慧旅游的开发。另外,我国2012年度开始试点智慧城市,以北京、上海、广州、深圳等城市为中心,杭州、南京、

---

① 邓贤峰,李霞."智慧景区"评价标准体系研究[J].电子政务,2012(9):100-106.

宁波、武汉、厦门等多个城市被列入试点名单。国家旅游局（现文化和旅游部）将 2014 年确定为"智慧旅游年"，随后推出了多种政策来推动智慧旅游的发展。2015 年，国家旅游局（现文化和旅游部）在关于实施"旅游＋互联网"行动计划的通知中，明确提出要促进旅游与互联网的融合发展，大力推进智慧旅游建设。到 2018 年，全国所有 5A 级景区建成智慧景区；到 2020 年，推动全国所有 4A 级景区实现免费 Wi-Fi、智能导游、电子讲解、在线预订、信息推送等功能全覆盖。国家旅游局（现文化和旅游部）和网络周刊等机构通过网络、在线申报、问卷调查、单位自荐、专家推荐、综合评估者 6 项标准，对我国智慧景区的网上预约、智能导游、电子讲解、信息通知等服务进行评价，评定出我国智慧景区前 300 名。在智慧技术发展之前，旅游目的地主要通过旅游指南、文化解说员、讲解员等提供旅游服务，但最近正转变为利用智能设备提供服务的形式。景区投入智慧元素，在游览前、中、后为游客提供多种服务，拓展了他们可以体验的项目。游前，游客可以使用智能终端查询智慧景区的实时访客人数和等待时间，并享受门票预售及入园、领取商品券、智慧停车等服务。游中，景区的游客在没有导游的情况下，也可以通过设置在智慧景区的二维码获得所需的解说服务，还可以利用智慧景区的数字媒体景区导览图，方便快捷地找到餐厅、便利店、卫生间等基础设施，规划旅游路线。游览后，游客可以通过智慧景区智慧服务平台或者小程序购买纪念品，节省在景区的停留时间，并在智慧景区平台上填写对景区的评价。虽然游客在我国的智慧景区可以利用智能设备的各种服务获得多种体验，但学界对游客体验的研究实际上并不尽如人意。游客的形态从追求周边景观走马观花的"观光型"转变为追求以感官体验为主的"体验型",体验的重要性在智慧旅游中凸显出来。[①]经验或体验对于游客来说正在拓展到新的体验活动,游客可以在智慧景区利用智能设备与先进技术,如 VR、增强现实(Augmented Reality, AR)、3D 模拟、多真实感空间呈现技术等参与多种旅游体验,而对其进行的理论研究却很少。

考虑到旅游体验的本质,体验经济理论与旅游非常契合。在体验经济理论中,Pine 和 Gilmore 根据参与程度以及与周围环境的关系、多维度等,将个人体验分为娱乐体验、教育体验、逃避现实体验和审美体验 4 个因素。[②]体验是对游客或旅游景点认知的最好的起点。因此,本研究将体验经济理论在我国智慧景区的应用情况作为研究的核心。

游客通过在旅游目的地的各种体验,享受在居住地没有经历过非惯常环境的生活,同时积极追求心情放松。另外,游客在与旅游景点的各个构成要素进行互动的过程中,通过五感进行感官体验,感受身体和心灵的愉悦。[③]在景区的传统体验元素中融入智能技术,游客可以通过智能手机,利用雷达导航、虚拟导游引导、趣味性游戏等获得乐趣。在智慧景区发掘并运营趣味性的体验活动,可以让游客访问智慧景区时乐趣倍增。因此,愉悦度可以说是对体验等产生刺激的情感反应。[④]朴秀景、朴智慧和车太勋则将愉悦度称为消费者在访问和体验某个场所时通过五感

① 宋学俊,李忠基.寺庙住宿体验对游客行动意愿形成的影响:以体验经济理论为中心 [J].旅游研究,2015,30(6):303-322.

② Pine B J, Gilmore J H. *Welcome to the Experience Economy*[M]. Cambridge, MA, USA: Harvard Business Review Press, 1998: 17.

③ 金泰勋.关于提高综合休养度假村访客忠诚度方案的研究 [D].江陵:原州大学,2019.

④ 李钟浩,吴正源,朴孝贤.对店铺环境的通风和愉悦度、行动之间关系的研究 [J].流通研究,2008,13(4):21-46.

感受到的愉悦和娱乐型满足，为了感受这种愉悦而体验和消费可以说是个人生活的重要部分。①

广义的智慧旅游是指利用智能设备和超高速无线通信等技术，在旅游需求者之间或需求者和供应商之间双向、实时地交换信息，从而最大限度地提高旅游需求者满意度的智能化、定制化的旅游服务。游客可以使用智能手机等移动设备访问智慧景区的服务平台，此平台不仅提供简单的文本，还提供解说服务或实时影像等多种旅游体验，游客对智慧景区的满意度比一般的常规旅游景点高。朴恩京认为，旅游满意度是游客对旅游对象满足程度的主观评价，是旅游后表现的对旅游整体的积极反应。智慧旅游旨在为游客提供优质、高满意度的个性化服务。②

如果游客在访问旅游景点的过程中获得积极的情感，就会形成对旅游景点的依恋度。热爱是具有选择性的特性，是对极其有限的对象形成的，对于形成热爱的对象，会产生想要亲近、想要靠近的欲望。体验可以给消费者带来更愉悦的情绪，因此对依恋度有积极的影响。也就是说，通过享受并使游客产生满意度的智慧景区，可以使游客对智慧景区产生依恋度。游客和旅游景区的关系不是单纯的休憩和观光，而是诸多感性体验让游客的心灵产生与景区依恋度的感性关系。因此，要想了解游客的行为，不仅要优化产品和服务，还要优化消费者的感性体验。

行动意图是生命体身体或精神层面对未来计划活动的意向，可以说是指是否重新利用程序、设施或特定场所的意向。行动意图是市场营销领域中关于消费者行为的研究中预测今后消费者行为时主要使用的结果

① 朴秀景，朴智慧，车太勋.体验要素（4Es）对体验乐趣、满意度、重访的影响[J].广告研究，2007（76）：55-78.
② 朴恩京.文化遗产观光的真实性对观光者满意度和忠诚度的影响：以河回村为对象[D].济州：济州大学，2013.

变量，通常包含在访问意向和推荐意向等概念中，被用作预测游客行为的因变量。朴恩爱在旅游体验对依恋、行动意图影响的研究中验证了依恋度对行动意图的显著影响。[①]

对此，本研究以我国智慧景区为对象，考察智慧景区体验的愉悦度及满意度之间的影响关系。除了对游客行动意图的决定变量——愉悦度和满意度进行研究之外，还将依恋度应用到旅游体验中进行研究，对智慧旅游和智慧景区的体验引用 Pine 和 Gilmore 的体验经济理论作为核心支撑。

第二节 研究的意义

一、理论意义

本研究旨在探讨我国智慧景区游客体验、愉悦度、满意度、依恋度及行动意图之间的影响关系。随着我国旅游市场的发展，相关企业的竞争正在加剧，投资力度也在加大。

旅游活动是主体与客体协调发展的过程，新的旅游产品的诞生必须以游客的需求为基础。游客是景区持续发展的核心推动力，只有了解游客的看法和满意度，才能确保景区在发展过程中的竞争优势。因此，为了了解智慧景区的现状，人们不仅需要从经营管理的角度进行研究，更

---

① 朴恩爱.旅游体验对愉悦度、满足度、依恋度和行动意图的影响[D].釜山：东明大学，2018.

需要从游客的观点或认识的角度进行审视。[①]景区智能化服务系统的构建，可以为游客提供优质的服务和便捷的旅游体验，引导游客对景区产生积极的认识，拓展体验内容。我国的智慧旅游区建设日新月异，学者却仍以经营管理视角为中心进行理论研究。相反，关于游客角度的体验、满意度、行动意图等之间关系的研究却不尽如人意。

如今，旅游被认为是人类生活不可或缺的一部分。旅游可以看作游客参与多种体验活动的总和。Pine 和 Gilmore 提出的体验经济理论（Experience Economy Theory）是 20 世纪末至 21 世纪初管理学领域的重要理论之一。他们认为，随着经济的发展，消费者的需求已经从单纯的产品和服务转向了更高层次的体验。体验经济理论为企业提供了一种新的商业模式，通过创造独特的、有价值的体验来提升竞争力和盈利能力。体验经济时代下，旅游体验应运而生。本研究将智慧景区的体验定为研究范围，而不是广泛意义上的旅游体验。另外，在研究智慧景区体验对游客满意度、愉悦度、依恋度和行动意图的影响关系后，了解了哪些体验因素影响游客的满意度，为智慧景区的体验项目开发和区域旅游发展活性化方案的建立提供了一定的基础资料。

本研究以 Pine & Gilmore 的体验经济理论为基础，将智慧景区的体验分为娱乐型体验、教育型体验、逃避型体验及审美型体验，旨在探讨各维度体验因素对愉悦度、满意度、依恋度和行动意图等因素之间的影响关系，从而帮助智慧景区制定差异化的体验运营方案。此外，本研究还将引入游客行动意图作为结果变量，以智慧景区体验的愉悦度、满意度和依恋度作为中间变量，来考察和探究游客在游览智慧景区前、中、

---

① 李思.智慧景区游客感知、满意度与行为意向关系研究[D].西宁：青海大学，2019.

后整个过程的行为。根据上述内容，研究的具体内容如下：

第一，梳理分析以智慧景区体验为自变量，探寻该变量的构成维度。

第二，整理并归纳行动意图的构成维度，探寻对行动意图产生影响的变量——依恋度，对行动意图有何影响。

第三，整理并归纳依恋度的构成维度，探寻对依恋度产生影响的变量——愉悦度和满意度，分别对依恋度有何影响。

第四，研究智慧景区体验各个维度对愉悦度和满意度产生的影响，以及智慧景区体验是如何影响游客的愉悦度和满意度的。

第五，分析并整理游客在智慧景区的体验与愉悦度、满意度、依恋度以及行动意图之间的影响关系。

二、现实意义

智慧景区的兴起在我国不仅革新了旅游业，而且成为推动区域经济转型和升级的重要力量。通过采用先进技术（如 IoT、大数据和 AI），智慧景区为游客提供了更加个性化和便捷的服务体验，如智能导航系统、虚拟导览，显著增强了旅游目的地的吸引力。这些改进措施提高了游客满意度，并增加了游客流量，进而刺激了门票、餐饮和购物等直接消费。在促进就业与收入增长方面，智慧景区的建设和运营创造了一系列就业机会，包括技术支持、管理和基础服务等岗位，有助于提高当地居民的就业率和收入水平。新兴职业形态，如数字内容创作和技术维护工程师等岗位的出现，提升了当地劳动力市场的适应能力，加强了劳动力市场的多样性。本研究涉及广泛的经济辐射效应，游客量的增长带动了交通、住宿、零售和文化娱乐等多个领域的业务增长。智慧化服务（如电子票务、智能停车）在提升服务效率的同时为相关企业提供了新的收入来源，促进了地方特色商品的销售和特色产业的振兴。在增加地方财政收入方面，旅游及相关产业的税收增加直接充实了地方政府的财政收入。智慧景区还吸引了外部投资，推动了新项目落地和产业链延伸，促进了经济的多元化发展。此外，智慧景区还有助于实现旅游业的高质量发展，并推动区域经济的转型升级；有助于构建绿色低碳、环境友好的发展模式，并提升我国旅游品牌的国际影响力。

智慧景区的引入和发展正在深刻改变旅游目的地，不仅为游客提供了全新的旅行体验，也对地区居民的生活方式、文化认同和经济发展产生了积极影响。生活方式的变化，如智能化的服务设施减少了等待时间，提升了游览效率。数字化文化体验项目增强了居民对本土文化的了解和自豪感。在文化认同增强方面，智慧景区促进了本地文化和传统的保护与展示，加强了居民对家乡的认同感。文化活动的举办加强了社区联系，营造了更加活跃的社区氛围。在经济发展推动层面，智慧景区与周边产业的融合创造了大量就业机会，增加了居民的收入。此外，智慧景区还吸引了外来投资，为地方经济带来了新的增长点。在社区居民生活质量提升层面，智慧化管理涵盖了环境保护、公共安全、健康监测等多个领域，提升了地区的生活质量。通过健康旅游项目推广健康生活方式，可以使居民享有更加宜居的环境。在提高社会参与层面，政府应采取措施提高居民对智慧景区的认识和支持，鼓励居民参与其中，建立反馈机制以确保智慧景区的发展策略能够反映社区的实际需求。智慧景区不仅是一种技术创新，更是一场深刻的经济社会变革。它通过促进文化传承、经济转型、社区凝聚以及生活质量的提高，深刻影响着地区居民的生活方式和心理认同。未来，智慧景区将继续在推动地区可持续发展和构建和谐社会方面发挥重要作用。

　　我国智慧旅游目的地的发展不仅推动了信息技术的进步，还促进了旅游产业与其他行业的深度融合，对国家经济发展和国际形象产生了积极影响。在推动 IT 产业发展方面，智慧旅游胜地的建设促进了 IoT、大数据、AI 等技术的应用，为国内 IT 企业创造了市场机会，推动了技术创新和产业升级。在促进产业融合与结构调整方面，智慧旅游加速了旅游业与信息技术、文化创意、环保节能等产业的跨界融合，推动了产业结构优化和旅游产品创新。在提升国民科技认知与自豪感方面，智慧旅游目的地内的高科技应用增强了民众对国家科技创新能力的认可，激发了青少年对科技的兴趣，提升了民族自信心。在塑造国家形象与促进国际合作方面，国际游客通过智慧旅游胜地体验到了我国的科技实力和文化魅力，有助于提升国家软实力和促进国际文化交流。在推动可持续旅游发展方面，智慧旅游目的地通过智慧化管理实现了游客流量控制、节能减排等目标，为全球旅游业提供了绿色发展范例。智慧旅游目的地内智慧景区的发展不仅推动了旅游业的转型升级，还促进了国家科技创新、产业结构调整、国民意识提升、国际形象塑造以及可持续发展战略的实施，成为推动我国经济高质量发展和全球旅游合作交流的新引擎。

第三节　研究的内容与本书结构

一、研究的方法

　　为了更好地达到本研究的目的，笔者主要进行了文献研究和实证研究。即在现有文献研究的基础上，总结了智慧景区体验要素、愉悦度、满意度、依恋度、行动意图等影响因素的相应理论概念；通过前期研究对学者已经提出的测量变量进行了修改和补充，并应用到本研究中；通过问卷调查，以有过我国智慧景区访问经历的游客为调查对象，于2023年4月11日至4月23日进行了问卷调查。共回收问卷583份，筛选有效问卷528份用于本研究分析。

之后，以问卷调查的数据作为实证研究的基础，对先行研究的理论进行分析评价及验证，设计出符合本研究目的的研究模型和研究假设，总结描述了样本的人口统计学数据和特征。依托样本的原始数据，利用SPSS 26.0进行了以下分析：为了掌握样本的人口统计学特性，进行了频率分析；为了检验构成研究模型的各个测量项目的可行性和可靠性，进行了探索性因子分析和信效度分析；在假设验证阶段，进行了简单回归分析、多重回归分析等；为了进一步验证模型的拟合度，使用Smart PLS进行验证性因子分析和PLS路径分析，进一步验证模型中各变量的中介效应等。

二、研究的构成

基于对智慧景区体验要素、愉悦度、满意度、依恋度、行动意图等因素的相互关系的研究目标，本书共分为十章，合计五部分内容。详细结构如下：

第一部分，引言。主要包括第一章内容，论述了研究背景，在研究意义部分详细阐释了研究的必要性，从而进一步确定了研究方向和方法，最后详细介绍了本研究的构成。

第二部分，理论背景。为了考察我国智慧景区体验、愉悦度、满意度、依恋度、行动意图的理论，以此作为先行理论研究。主要包括第二

章，智慧旅游和智慧景区的概念、定义及研究趋势；第三章，体验经济
理论的概念、定义及研究趋势；第四章，旅游愉悦度的概念、定义及研
究趋势；第五章，旅游满意度的概念、定义及研究趋势；第六章，旅游
依恋度的概念、定义及研究趋势；第七章，游客行动意图的概念、定义
及研究趋势。

第三部分，研究模型及假设。主要包含第八章内容，在前面研究结
果的基础上进行了总结归纳，重新梳理了研究模型设计、假设设定、变
量的定义。调查设计部分详细阐释了样本的设计、测量方法及问卷组成
内容、资料分析方法等。

第四部分，研究方法。主要包含第九章内容，用实证分析进行了样
本的一般性特征、测量项目的信效度分析后，对各假设进行了验证。对
研究模型的结构进行检验，并进一步检验中间变量的中介效应。

第五部分，研究结论。主要包含第十章内容，总结了实证分析的研
究结果，从经济、社会、政策、旅游学等层面，总结本研究的启示性意
义。讨论本研究局限性，从而为今后的进一步研究指明研究方向。本研
究的整体研究体系如图 1-1 所示。

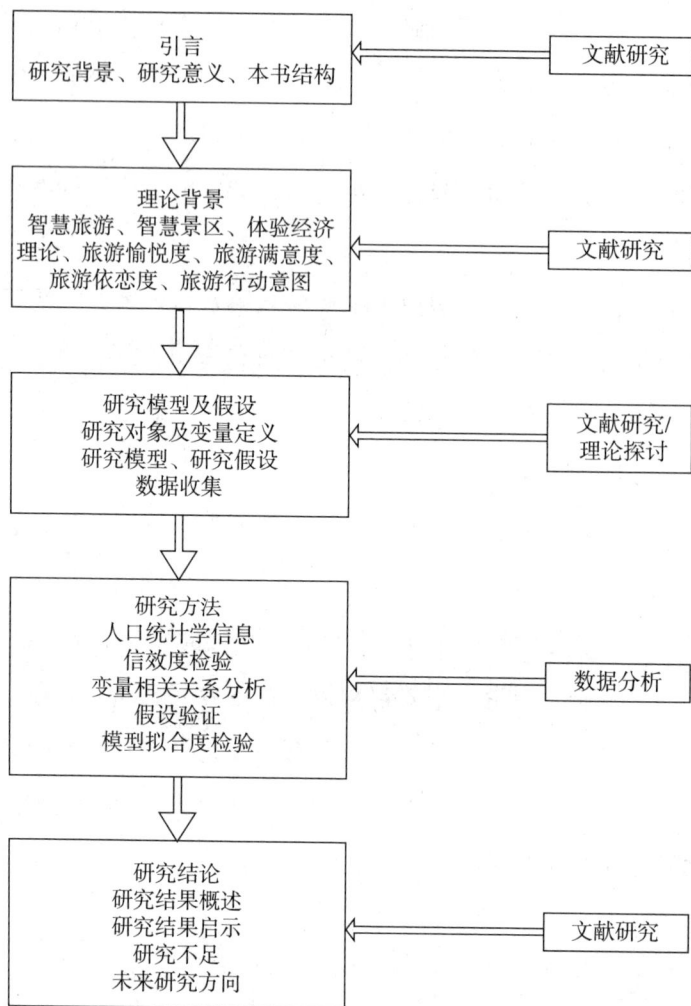

```
┌─────────────────────────────┐        ┌──────────┐
│          引言               │◄───────│  文献研究  │
│ 研究背景、研究意义、本书结构   │        └──────────┘
└─────────────────────────────┘
              │
              ▼
┌─────────────────────────────┐        ┌──────────┐
│          理论背景            │◄───────│  文献研究  │
│ 智慧旅游、智慧景区、体验经济   │        └──────────┘
│ 理论、旅游愉悦度、旅游满意度、 │
│ 旅游依恋度、旅游行动意图      │
└─────────────────────────────┘
              │
              ▼
┌─────────────────────────────┐        ┌──────────┐
│      研究模型及假设          │◄───────│  文献研究/ │
│   研究对象及变量定义         │        │  理论探讨  │
│   研究模型、研究假设         │        └──────────┘
│   数据收集                  │
└─────────────────────────────┘
              │
              ▼
┌─────────────────────────────┐        ┌──────────┐
│          研究方法            │◄───────│  数据分析  │
│     人口统计学信息          │        └──────────┘
│     信效度检验              │
│     变量相关关系分析        │
│     假设验证                │
│     模型拟合度检验          │
└─────────────────────────────┘
              │
              ▼
┌─────────────────────────────┐        ┌──────────┐
│          研究结论            │◄───────│  文献研究  │
│     研究结果概述            │        └──────────┘
│     研究结果启示            │
│     研究不足                │
│     未来研究方向            │
└─────────────────────────────┘
```

图 1-1　研究结构

第二章　智慧旅游和智慧景区

第一节　智慧旅游

旅游业是一个非常开放包容的行业，上下游行业的细微变化都会对其产生不可预测的影响。特别是具有这一特点的旅游主体行业，随着数字信息设备和网络基础设施的发展，数字产业和旅游产业相连接的智慧旅游日趋瞩目。智慧旅游的概念源自 IBM 公司在 2008 年提出的智慧地球理念。智慧地球起初是一个宏大的构想，旨在通过全球范围内的电子技术集成和数据汇集，创建一个综合性强、覆盖面广的数据平台。这一构想的核心在于利用高级信息技术，包括 IoT、云计算、大数据分析等，优化资源配置、提升效率，并驱动产业革新与经济发展，相当于为全球的运行和发展配备了一个智慧中枢或"智慧大脑"。Gretzel 等人认为，智慧旅游包括所有通过智慧技术接收和支持信息的旅游活动。[1]Hunter 等

---

① Gretzel U, Sigala M, Xiang Z, et al. Smart tourism: Foundations and developments[J]. *Electronic Markets*，2015（25）：179-188.

人认为，智慧旅游正在成为当今国际社会旅游的中心，通过网站和社交媒体等在线生产和共享与目的地相关的信息，能够拓展旅游目的地的获客渠道。① 近年来，智慧旅游受到国家的高度重视，2011 年 7 月国家旅游局（现文化和旅游部）提出争取用 10 年时间形成一批引领作用强、示范意义突出的智慧旅游城市和智慧旅游企业的目标；国家旅游局将 2014 年确定为"智慧旅游年"；2015 年 1 月国家旅游局（现文化和旅游部）发布了《关于促进智慧旅游发展的指导意见》，提出了以提高旅游便利化水平和产业运行效率为目标，以实现旅游服务、管理、营销、体验智能化为主要途径，有序推进智慧旅游持续健康发展的方针。《"十四五"旅游业发展规划》则指出加快推进以数字化、网络化、智能化为特征的智慧旅游，深化"互联网＋旅游"，扩大新技术场景应用。这对加快智慧景区建设、完善智慧旅游公共服务、丰富智慧旅游产品供给、拓展智慧旅游场景应用等方面提出了新的要求。

一、智慧旅游的概念和定义

崔子恩认为，与智慧最相似的概念起源于拉丁语形容词"ubique"，是 IT 业界频繁使用的术语，意为"随时随地同时存在"。也就是说，不受时间、空间限制，可以随时随地连接移动或互联网，使用各种信息和服务的环境。"SMART"一词的含义包括 Standards（基于标准的互操作性）、Multifunction（利用融合和复合的多样性）、Accessibility（无时空限制的快速可访问性）、Reliability（来自用户的可靠性）、Time Saver

---

① Hunter W C, Chung N, Gretzel U, et al. Constructivist research in smart tourism[J]. *Asia Pacific Journal of Information Systems*，2015，*25*（1）：103-118.

（用户便利性）等。①为了方便游客，以智能、亲和、高效的方式提供旅游体验和商品，即为旅游或旅行中体验到的住宿、交通等应用程序或平台服务。

金正秀认为，智能是"随着IT技术的革新，有线和无线信息通信技术在日常生活中包含了消费者的价值变化和多种形式的ICT，最终是在方便易用的智能环境中发生的所有活动"。智能手机、智能手表、智能电视、智能学习、智能电网、智能卡、智能家居等，在我们的日常生活中很容易接触到智能一词。②尹设玟以需求者的观点为中心定义智慧旅游时指出，早期关于智慧旅游的概念是以智能手机为中心，根据游客当前情况（如旅游位置、时间、预算）的实时旅游信息和位置信息，让游客体验有效的定制旅游服务等。③

崔子恩认为，在旅游领域，关于智慧旅游的研究随着基于互联网和网络的信息通信技术的发展而开始受到关注，符合时代潮流，不仅在学术界，在产业领域也在蓬勃发展。智慧旅游是一个涵盖U-Tourism和数字旅游含义的概念，通过基于信息通信技术的集体通信和基于位置的服务，为游客提供实时的个性化旅游信息服务。④郑炳玉将智慧旅游概念定义为智能技术与旅游相结合，可以随时随地为旅游需求者提供针对性旅游服务的更聪明的旅游。⑤对此金景泰认为，世界各国

① 崔子恩.地区旅游发展推进体系改善方案研究[R].青阳：韩国文化旅游研究院，2013.
② 金正秀.智慧旅游技术属性通过容易性、有用性对游客行动意图的影响[D].釜山：东亚大学，2021.
③ 尹设玟.大田智慧旅游政策的方向和课题[R].大田：大田世宗研究院，2021.
④ 崔子恩.地区旅游发展推进体系改善方案研究[R].青阳：韩国文化旅游研究院，2013.
⑤ 郑炳玉.利用ICT新技术的智慧旅游推进事例分析及活性化方案研究[J].韩国文化信息学会，2015，15（11）：509-523.

为了吸引特定游客群体，正在全力提供融合 ICT 和旅游的新智慧旅游服务。①

李正熙等人在对智慧旅游进行解释时提出："这是在旅游中结合信息通信技术（ICT），以地理位置信息为基础，为游客提供实时沟通环境和定制服务，通过旅游内容的生态系统和产业化结构的革新，创造高附加值的旅游活动。"②吴胜玉认为，智慧旅游的概念，是指让游客通过应用程序和平台服务智慧体验实时定制信息的智能化旅游。③金正秀认为，广义的智慧旅游概念是包含无处不在和数字的概念，利用智能手机、智能平板、智能设备等设备，借助超高速无线通信等信息通信技术，在旅游需求者和供应商之间随时随地双向交流实时信息，最大限度地提高旅游满意度，将其定义为智慧定制旅游。④尹设玟认为，随着 ICT、IoT 等的融合和使用智能设备的一系列过程中产生的各种信息（如位置、消费模式、用户情感）的自动构建，概念扩大到了高附加值活动的意义上，智慧旅游可以最大限度地提高旅游需求者和提供者的满意度。⑤

根据智慧旅游的先行研究，本书将智慧旅游定义为个人在某个地方旅游时，利用智能手机和移动通信技术解决沟通或当地信息等问题的旅游活动。Buhalis 和 Amaranggana 认为，智慧旅游是指 ICT 介入各种旅

---

① 金景泰，以信息通信技术（ICT）为基础的智慧旅游服务活性化方案 [J].韩国旅游政策，2015（62）：69-77.

② 李正熙，安泽均，金洪民 .旅游信息论：以智慧旅游为中心 [M].首尔：塞罗米，2012：19.

③ 吴胜玉 .智慧旅游信息技术属性、令人印象深刻的旅游经验、感知价值、满意度研究 [D].全州：全州大学，2021.

④ 金正秀 .智慧旅游技术属性通过容易性、有用性对游客行动意图的影响 [D].釜山：东亚大学，2021.

⑤ 尹设玟 .大田智慧旅游政策的方向和课题 [R].大田：大田世宗研究院，2021.

游活动，以 ICT 为媒介，各种信息相互交换的社会、文化、经济活动。①
李正熙等人认为，智慧旅游将最尖端的 ICT 与旅游相结合，以实时沟通
及位置信息服务（LBS）为基础，为国内外游客提供实时定制服务，是
通过旅游内容生态系统和产业结构创新创造高附加值的新一代旅游。②

金景泰将智慧旅游定义为，利用可以不受时间和地点限制，随时登
录旅游信息进行决策的 ICT，在旅行前、中、后的旅行决策过程中，通
过网络接触和信息判断，在线上、线下参观游览和消费，在 SNS 上留下
痕迹的旅行形态。③具哲模、申升勋、金基宪和郑南浩认为，智慧旅游是
通过以智能设备为中心提供服务的 SNS、应用程序等渠道，根据游客的
位置、时间、状态等情况实时利用信息而实现的旅游形态。④崔恩熙表示，
智慧旅游是游客通过 ICT 等技术利用智能设备，自动积累经历及与其他
用户交互产生的各种信息，再为用户提供针对性信息的旅游活动。⑤

郑炳玉认为，作为包含无处不在的旅游和数字旅游的概念，智慧旅
游被定义为利用智能手机、智能平板电脑等智能设备和超高速无线通信
等 ICT，在旅游需求者之间或需求者和提供者之间双向、实时地交换信

---

① Buhalis D, Amaranggana A. Smart tourism destinations enhancing tourism experience through personalisation of services[C]//Tussyadiah I, Inversini A. *Information and Communication Technologies in Tourism 2015*: Proceedings of the International Conference in Lugano, Switzerland, February 3–6, 2015. Berlin, Germany: Springer International Publishing, 2015: 377–389.

② 李正熙.安泽均,金洪民.旅游信息论: 以智慧旅游为中心 [M].首尔: 塞罗米, 2012: 19.

③ 金景泰.以信息通信技术（ICT）为基础的智慧旅游服务活性化方案 [J].韩国旅游政策，2015（62）: 69–77.

④ 具哲模,申升勋,金基宪,等.智慧旅游发展案例分析研究 [J].韩国文化信息学会, 2015, 15（8）: 519–531.

⑤ 崔恩熙.国内智慧旅游案例分析和启示 [J]. KIET 产业经济, 2017（228）: 49–57.

息，从而最大限度地提高个人满意度的智能、定制旅游。^①具哲模和郑南模将智慧旅游定义为利用传感器或智能设备随时随地与互联网连接，获得和利用旅行所需信息的生态系统支持的旅游。^②

叶铁伟认为，智慧旅游就是利用云计算、IoT 等新技术，通过互联网或移动互联网，借助便携的终端上网设备，主动感知旅游资源、经济、活动和旅游者等方面的信息并及时发布，让人们能够及时了解这些信息，及时安排和调整工作与旅游计划，从而达到对各类旅游信息的智能感知、方便利用的效果，通过便利的手段实现更加优质的服务。^③吴学安认为，智慧旅游是移动云计算、IoT 等新技术，借助便携的终端上网设备，主动感知旅游相关信息，并及时安排和调整旅游计划。^④

以上述关于智慧旅游的内容为基础，整理了表 2-1。本研究将智慧旅游的概念定义为以 AI、大数据、IoT、云计算、多媒体技术为基础，为游客提供实时、定制智慧服务的新一代旅游活动。

表 2-1　智慧旅游的概念和定义

研究者	年份	概念和定义
李正熙等人	2012	将 ICT 与旅游相结合，以实时沟通及位置信息为基础，为国内外游客提供实时定制型服务,通过旅游生态界和产业结构革新,创造高附加值的新一代旅游

①　郑炳玉.利用 ICT 新技术的智慧旅游推进事例分析及活性化方案研究 [J].韩国文化信息学会，2015，15（11）：509-523.

②　具哲模，郑南模.多种观点的智慧旅游眺望 [M].坡州：白山出版社，2021：49-50.

③　叶铁伟.智慧旅游：旅游业的第二次革命（上）[N].中国旅游报，2011-05-25（11）.

④　吴学安."智慧旅游"让旅游进入"触摸时代" [N].人民日报（海外版），2011-06-09（8）.

续 表

研究者	年份	概念和定义
崔子恩	2013	提供移动形态的旅游服务，意味着通过随时连接网页、应用程序形态多种信息的游客移动设备，提供实时定制型旅游服务
具哲模等人	2015	通过以智能机器为中心提供服务的SNS、应用程序等渠道，根据游客的位置、时间、情况实时利用信息而形成的旅游形态
金景泰	2015	利用不受时间和场所限制，可随时登录旅行信息进行决策的ICT，在旅行前、中、后决策中通过网络接触信息并进行判断，在线上、线下自由移动、消费，在SNS上留下痕迹的旅行形态
郑炳玉	2015	利用ICT在旅游需求者之间或需求者和供应者之间双向、实时交换信息，实现个人满意度最大化的智能型定制型旅游
崔恩熙	2017	游客以ICT为基础，利用智能机器，自动积累通过事物及其他用户的相互作用产生的各种信息，再次为用户提供量身定做的信息
金伊恩	2020	现有旅游概念融合信息通信技术的优点，优化有限旅游资源的使用，实现低成本、高效率的成果为目的的高附加值旅游活动
具哲模、郑南模	2021	利用传感器或智能机器随时随地与互联网连接，获取和利用旅行所需信息生态支援的旅游
金正秀	2021	将智能技术应用于旅游，可实时向旅游接受者和用户提供定制旅游服务的旅游
吴胜玉	2021	让游客通过应用程序和平台服务，实时体验智能、定制型信息的新智能化旅游
尹设玟	2021	初期对智慧旅游的概念是以智能手机为中心，以符合游客现状（如旅游位置、时间、预算）的实时旅游信息和位置信息为基础，让游客体验有效的针对性旅游服务等需求者观点为中心来定义的

续　表

研究者	年份	概念和定义
Buhalis 和 Amaranggana	2015	将 ICT 用于多种旅游活动，以此为媒介相互交换各种信息的社会、文化、经济的旅游活动
Gretzel 等人	2015	通过包括在线旅行社、博客、旅游网站、社交媒体、智能手机 App 等多种形态的在线旅游渠道和旅游信息在内的智能技术获取信息并支援的所有旅游活动

二、智慧旅游概念演化

智慧旅游概念随着信息和通信技术的不断发展而逐步形成，经历了旅游信息化、旅游数字化、旅游智能化、旅游智慧化 4 个阶段。

（1）旅游信息化。信息化是基础，主要起沟通的作用，解决信息不对称的问题。旅游信息化是智慧旅游发展的起点和基石，以旅游信息为核心，以信息网络为基础，以信息技术为主导，对传统旅游产业在生产、分配和消费等方面进行资源整合，提高旅游服务水平和效率，增加旅游业整体效益。主要包括旅游企业信息化、旅游电子商务、旅游电子政务、旅游营销网络、旅游服务信息化等。

（2）旅游数字化。数字化是手段，主要功能是整合，解决的是效能问题。旅游数字化作为提升行业效能的关键手段，核心在于利用数字技术和互联网平台整合旅游资源，解决信息不对称、服务效率低下及体验单一化等传统问题。它通过集中展示和一键预订的数字化信息平台，极大地提高了游客获取信息的便捷性和选择的多样性。在此基础上，数字化进一步推动了服务流程的优化，如在线预订、电子票务与自助服务，大幅缩短了游客的等待时间，增强了旅游体验的流畅性和个性化。此外，数字化还在旅游管理、环境保护和文化遗产传承方面发挥了重要作用，助力实现资源合理配置与行业的可持续发展。总而言之，旅游数字化不仅重塑了旅游产业链条，还从根本上提升了整个行业的服务效能与市场响应速度，为旅游经济的繁荣注入了强劲动力。

（3）旅游智能化。智能化通过解决有效配置和运行的问题进而为旅游目的地提供全面的解决方案。作为旅游信息化的第二次飞跃，旅游智能化是以智能化系统为技术基础，即针对某一特定问题而由计算机、通信技术、网络技术以及智能控制技术汇集形成的智能化解决方案集合。旅游智能化主要解决旅游产业中各要素结构和关系问题，有利于资源有效配置和系统高效运行。例如：景区智能系统主要对景区内的生态资源有序开发和保护，对客流实时监测，对灾害提前预警，合理安排景区内交通和人力资源配置，实现实时的管理和调度；酒店智能化系统主要为游客提供个性化住宿、餐饮和娱乐体验；机场智能化系统旨在使登机和候机更加便捷。

（4）旅游智慧化。旅游智慧化即旅游信息化的第三次飞跃，也是智能旅游在目前科技水平约束条件下的最新形式。旅游信息化在推进和发展过程中产业内各部门条块分割形成了大量信息壁垒和信息孤岛，游客获取的信息是孤立的、零散的和片面的，亟须从根本上打破各网络平台和信息系统之间割裂甚至对立的关系，建立新型的信息沟通渠道和服务机制。这就需要以游客需求为中心，综合利用互联网和 IoT 技术，以传感互联、大数据、云计算、VR 和 AI 等为手段，实现旅游信息流快速汇集、双向交流和个性呈现，通过智能信息实现旅游企业的反向定制和供给要素的智能汇集，为旅游者提供个性化、整体化的解决方案，提升游客服务体验，促进旅游业持续发展。

三、智慧旅游的相关研究及趋势

在旅游业和旅游学领域，关于智慧旅游的研究随着基于互联网和网络的信息通信技术的发展而开始受到关注，符合时代潮流，不仅在国内外学术界，还在产业领域积极进行。

在智慧旅游政策及推进案例分析相关研究中，崔子恩在区域旅游发展推进体系改善方案研究中，对智慧旅游国内外案例进行了分析研究，提出了智慧旅游的活性化方案。① 郑炳玉在利用 ICT 新技术的智慧旅游推进案例分析及活性化方案研究中，提出了加强智慧旅游基础设施建设、开发、提供针对需求者的旅游内容、加强系统协作和努力激活智慧旅游等方案。② 金景泰在基于 ICT 的智慧旅游服务活性化方案中提出了韩国智慧旅游政策方向、智慧旅游现状及活性化对策。③ 宋英善在对智慧旅游的开放空间信息现状的分析中提到了智慧旅游的概念及智慧旅游生态系统。④ 具哲模、金正贤和郑南浩在智慧旅游生态系统的理论化和应用研究中提出了智慧旅游城市的概念和价值，在智慧旅游发展的案例分析研究中梳理了韩国智慧旅游的研究动向，探讨了旅游市场变化推动智慧旅游增长的背景。⑤

---

① 崔子恩.地区旅游发展推进体系改善方案研究 [R].青阳：韩国文化旅游研究院，2013.

② 郑炳玉.利用 ICT 新技术的智慧旅游推进事例分析及活性化方案研究 [J].韩国文化信息学会，2015，15（11）：509-523.

③ 金景泰.以信息通信技术（ICT）为基础的智慧旅游服务活性化方案 [J].韩国旅游政策，2015（62）：69-77.

④ 宋英善.智慧旅游的开放空间信息现状分析 [J].旅游休闲研究，2018，30（11）：205-219.

⑤ 具哲模，金正贤，郑南浩.智慧旅游生态的理论化与应用 [J]. *Information Systems Review*，2014，*16*（3）：69-87.

从经济波及效应的角度出发，申勇在、徐宇钟在智慧旅游产业对韩国经济影响的研究中，通过韩国关于智慧旅游产业的研究分析了智慧旅游产业，[1] 李贤爱、杨成炳和郑南浩在智慧旅游城市釜山的区域内外经济波及效应研究中分析并提出了智慧旅游城市的经济波及效应。[2] 崔载宇在智慧旅游平台模式的探索性研究中提到了旅游平台业务拓展的方案。[3]

从智慧旅游技术要素的角度出发，李善英、郑南浩和具哲模在关于智慧旅游满意决定因素的研究中证实了智慧旅游技术的属性对感知质量（住宿、交通、旅游景点、餐厅、智能服务）有显著影响。[4] 金正秀对智慧旅游技术属性通过易用性、有用性对游客行动意图的影响进行了研究，[5] 吴胜玉在智慧旅游信息技术属性、记忆中的旅游经验、感知价值、满意度研究中揭示了智慧旅游的发展背景，提及信息技术属性在旅游体验方面的应用。[6] 郑熙贞、具哲模和郑南浩在推测智慧旅游体验的支付价值的同时，评价了智慧旅游的经济价值。[7]

① 申勇在，徐宇钟.智慧旅游产业对韩国经济的影响研究[J].电子商务研究，2017，18（1）：291-307.

② 李贤爱，杨成炳，郑南浩.智慧旅游城市釜山的地区内外经济波及效果[J].旅游休闲研究，2019，31（4）：87-101.

③ 崔载宇.智慧旅游业务拓展旅行平台模式的探索研究[J].旅游经营研究，2019（87）：587-604.

④ 李善英，郑南浩，具哲模.关于加强智能旅游竞争力的智能旅游满足决定因素的研究[J].旅游学研究，2018，42（5）：151-169.

⑤ 金正秀.智慧旅游技术属性通过容易性、有用性对游客行动意图的影响[D].釜山：东亚大学，2021.

⑥ 吴胜玉.智慧旅游信息技术属性、令人印象深刻的旅游经验、感知价值、满意度研究[D].全州：全州大学，2021.

⑦ 郑熙贞，具哲模，郑南浩.为智能旅游的经济持续性，智能旅游体验的支付价值估计：利用CVM[J].知识经营研究，2019，20（1）：215-230.

Su、Li 和 Fu 以应用为中心对我国的智慧城市进行了开发和研究。① 为了提高智慧旅游目的地的服务质量，Buhalis 和 Amaranggana 阐释了智慧城市与智慧旅游的关系。②Zhu、Zhang 和 Li 在调查我国智慧旅游现状的同时，分析并提出了政府在我国智慧旅游中的作用。③Gretzel、Werthner、Koo 和 Lamsfus 定义了数字生态系统和智能商务网络的概念，提出了智慧旅游生态系统及其构成要素。④Gretzel、Sigala、Xiang 和 Koo 提到了智慧旅游的最新话题，提出了可持续旅游开发的智慧旅游技术和系统。⑤Boes、Buhalis 和 Inversini 提出了智慧城市和社会资本的关系，并提出了智慧城市的构成因素，说明了智慧旅游在智慧城市构建中的促进作用。⑥ Huang、Goo、Nam 和 Yoo 在研究智慧旅游信息技术的同时，

① Su K, Li J, Fu H. Smart city and the applications[C]// *In Proceedings of the 2011 International Conference on Electronics, Communications and Control（ICECC），* september 9–11, 2011. Ningbo, China: IEEE, 2011: 1028–1031.

② Buhalis D, Amaranggana A. Smart tourism destinations[C]//Zheng X, Tussyadiah I. *Information and communication technologies in tourism 2014:* Proceedings of the international conference in Dublin, *Ireland,January* 21–24, 2014. Berlin, Germany: Springer International Publishing, 2013: 553–564.

③ Zhu W, Zhang L, LI N. Challenges, function changing of government and enterprises in Chinese smart tourism[J]. *Information and Communication Technologies in Tourism*, 2014（10）: 553–564.

④ Gretzel U, Werthner H, KOO C, et al. Conceptual foundations for understanding smart tourism ecosystems[J]. *Computers in Human Behavior*, 2015（50）: 558–563.

⑤ Gretzel U, Sigala M, Xiang Z, et al. Smart tourism: Foundations and developments[J]. *Electronic Markets*，2015（25）: 179–188.

⑥ Boes K, Buhalis D, Inversini A. Conceptualising smart tourism destination dimensions[C]// Tussyadiah l, Inversini A. *Information and communication technologies in tourism 2015*: Proceedings of the international conference in Lugano, Switzerland, February 3–6, 2015. Berlin, Germany: Springer International Publishing, 2015: 391–403.

充分探讨了在智慧旅游体系中智能手机的探索性应用和充分利用方案。[①]
以下是基于上述研究总结的与智慧旅游相关的研究，如表2-2所示。

表2-2 智慧旅游相关的研究

研究者	年份	研究主题和内容
Su、Li 和 Fu	2011	智慧城市与应用 - 智慧城市与应用 - 我国智慧城市开发研究
崔子恩	2013	智慧旅游的推进现状及未来课题 - 智慧旅游国内外事例及成功方案
Buhalis 和 Amaranggana	2013	智慧旅游目的地 - 提升智慧旅游目的地服务质量 - 智慧城市与智慧旅游目的地
具哲模、金正贤、郑南浩	2014	智慧旅游生态的理论化与应用 - 智慧旅游城市概念与价值研究
Zhu、Zhang 和 Li	2014	我国智能旅游面临的挑战、政府和企业的职能转变 - 我国智慧旅游现状 / 政府在我国智慧旅游中的作用
郑炳玉	2015	利用 ICT 新技术的智能旅游推进事例分析及活性化方案
金景泰	2015	基于 ICT 的智慧旅游服务活性化方案 国内智慧旅游政策方向 / 智慧旅游现状 / 活性化对策
Gretzel、Werthner、Koo 和 Lamsfus	2015	智慧旅游：信息技术、经验和理论的融合 - 智慧旅游最新热点 - 可持续发展旅游的智慧旅游技术与系统
Gretzel、Sigala、Xiang 和 Koo	2015	理解智慧旅游生态系统的概念基础 - 数字生态系统和智慧商务网络的概念 - 智慧旅游生态系统和构成要素

---

① Huang C D, Goo J, Nam K, et al. Smart tourism technologies in travel planning: The role of exploration and exploitation[J]. *Information & Management*, 2017, *54*（6）: 757-770.

研究者	年份	研究主题和内容
Buhalis 和 Amaranggana	2015	智慧旅游目的地通过个性化服务提升旅游体验 －提供个性化服务／确保智慧旅游目的地竞争力
Boes、Buhalis 和 Inversini	2015	概念化智慧旅游目的地维度 －智慧城市和社会资本／智慧城市的构成要素
申勇在、徐宇钟	2017	智慧旅游产业对韩国经济产生的效果 国内智慧旅游研究／智慧旅游产业
Huang、Goo、Nam 和 Yoo	2017	旅游规划中的智慧旅游技术：勘探和开发的作用 －智慧旅游信息技术属性 －智能手机的探索性应用与充分应用
李善英、郑南浩、具哲模	2018	智慧旅游满意度决定因素研究 智慧旅游技术的属性／期待效果
宋英善	2018	智能旅游的开放空间信息现状分析 智慧旅游的概念／智慧旅游生态系统
崔载宇	2019	智慧旅游旅游平台模式的探索研究 －旅游平台业务拓展方案
具哲模	2019	智慧旅游出行和旅游，智慧城市
李贤爱、杨成炳、郑南浩	2019	智慧旅游城市釜山的内外经济波及效果 －智慧旅游城市的经济波及效果
郑熙贞、具哲模、郑南浩	2019	智慧旅游体验的支付价值估计 智慧旅游经济价值评估
吴胜玉	2021	智慧旅游信息技术属性、记忆深刻的旅游经验、感知价值、满意度研究
金正秀	2021	智慧旅游技术属性通过容易性、有用性对游客行动意图的影响

第二节　智慧景区

智慧景区是指利用 IoT、大数据、云计算、AI 等现代信息技术，对景区进行全面、透彻、及时的智能化管理与服务升级，旨在为游客提供更加便捷、个性化、高质量的旅游体验，同时实现景区资源的高效利用和环境保护。智慧景区的构建通常涵盖以下几个关键方面：

（1）智慧管理：通过集成的管理信息系统，实时监控景区客流、环境状况、设施运行状态等，实现资源的精细化管理和迅速高效的应急响应。

（2）智慧服务：提供诸如电子门票、在线预订、智能导览、VR 体验、个性化推荐等服务，让游客享受无缝的、便捷的游览体验。

（3）智慧营销：运用大数据分析游客行为，实施精准营销策略，通过社交媒体、移动应用等渠道扩大景区的影响力。

（4）智慧保护：利用科技手段监测和保护自然与文化遗产，确保可持续旅游发展，同时提升游客的生态保护意识。

（5）智慧设施：建设智慧停车场、无线网络覆盖、智能安防系统等基础设施，提升景区的整体智能化水平。

智慧景区的建设不仅关注技术的应用，还强调管理的创新，力求在保护自然与文化遗产、提升服务质量、促进地方经济发展之间找到最佳平衡。随着技术的进步和游客需求的不断变化，智慧景区正逐步成为旅游业转型升级的重要方向，为旅游者打开了全新的旅游体验模式。

管菁、管清宝认为，随着信息技术的发展，旅游业已经从利用纸质信息的传统旅游发展到电子旅游、数字旅游等今天的智慧旅游。景区的信息化建设呈现出智能化、应用多样化等发展态势，多种技术和应用运用到旅游行业的方方面面。对此，目前我国旅游业的新趋势就是智慧景区的建设。[①]具体变迁示意图如图2-1所示。郭伟、贾云龙、邓丽丽认为，应根据旅游景区信息化发展水平，将我国旅游景点分为初步的信息化旅游景区、数字旅游景区、智慧景区3种类型。[②]

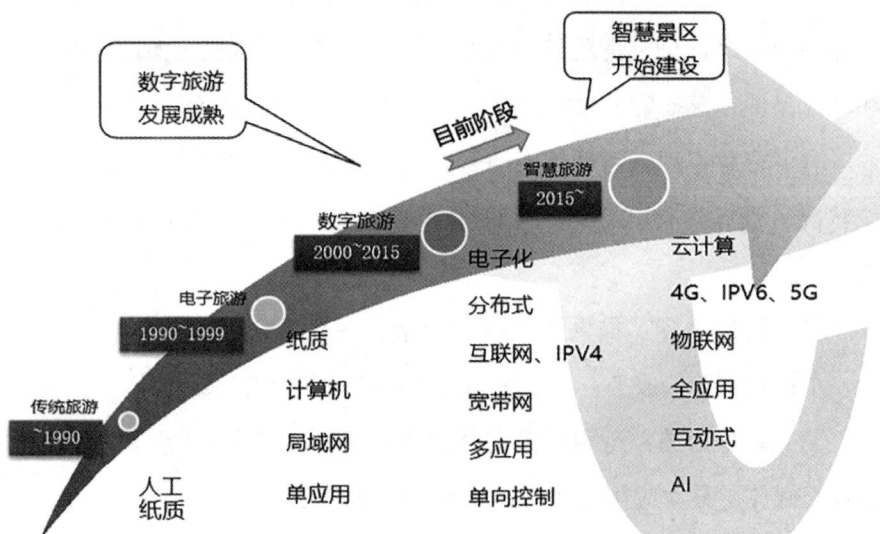

图 2-1　旅游业技术发展变迁示意图

一、智慧景区的概念

我国的智慧旅游是以智慧景区为基础运营的，智慧景区的研究也在

① 管菁，管清宝.旅游景区可持续发展之路——"智慧景区"规划设计 [J].智能建筑与智慧城市，2020（8）：13-17.

② 郭伟，贾云龙，邓丽芸.我国智慧景区发展研究 [J].我国集体经济，2012（25）：132-133.

积极展开。智慧景区提出仅几年时间，旅游业界和学术界分别以内涵界定、本质审视、内容划分、功能体现等多个标准对智慧景区进行定义。

一些学者从宏观层面上定义了智慧旅游区，强调它是智能地球（Smart Earth）、智能城市（Smart City）建设的一环。邵振峰等人提出智慧旅游区作为智能地球模型的延伸和缩小的概念。[①]从微观层面上看，智慧景区是景区信息化的新阶段，是数字景区建设的深化过程。唐安荣等人认为，智慧景区是以数字景区为基础的，是数字景区高度发展和信息化的概念。[②]郭伟等人将多种最新的信息技术相结合，融合智能、精细的管理后，将数字景区作为进一步发展的新形式定义为智慧景区。[③]

智慧景区包含多种创新的景区管理系统理论。智慧景区需要对环境、社会、经济有更彻底、更敏感的反应和更全面的互动，需要采用更深入、更智能、更创新的景区管理系统。邓贤峰、李霞以智慧景区的创新服务和管理理论为背景，将现代通信技术和信息技术与景区相融合，建立了景区管理信息化和服务智能化体系。[④]

在功能理论的视角下，智慧景区被视为传统景区设定并展开实现景区管理智能化、服务智能化、功能自动化的目标的景区。章小平和邓贵平认为智慧景区是将最新的科技成果（IoT等）和管理理念应用到景区的发展中，构建与之相适应的智能网络，与以往游客自行判断和决策相

---

① 邵振峰，章小平，马军，等.基于物联网的九寨沟智慧景区管理 [J].地理信息世界，2010，8（5）：12-16，28.

② 党安荣，张丹明，陈杨.智慧景区的内涵与总体框架研究 [J].中国园林，2011，27（9）：15-21.

③ 郭伟，贾云龙，邓丽芸.我国智慧景区发展研究 [J].中国集体经济，2012（25）：132-133.

④ 邓贤峰，李霞."智慧景区"评价标准体系研究 [J].电子政务，2012（9）：100-106.

比，将先进的信息技术和科学管理理论相结合，提出了景区管理和服务智能化、功能实现自动化等目标。①

季国斌、陈丽、暴莹表示，智慧景区在智慧城市的总体目标下，以互联网、云计算、信息通信等技术为基础，以提高游客体验为目的，结合新一代服务管理理论，实现智能化管理，谋求景区的全面持续发展。②

张秀英提出，智慧景区是利用 IoT、云计算、大数据、AI 等技术，通过手机、电脑等各种智能终端完成旅游服务的景区。③

基于上述关于智慧景区的先行研究，整理了表 2-3。因此，本研究在上述研究的基础上，将智慧景区定义为以 AI、大数据、IoT、云计算、多媒体技术为基础，为游客提供智慧旅游商务、智慧票务、智慧导航、智慧导游服务等智慧服务，实时掌握游客和景区承载力等数据，实现智慧管理，并利用自媒体、VR、AR 等智慧体验项目实施智慧营销的景区。

表 2-3　智慧景区的概念

研究者	年份	概念
章小平、邓贵平	2010	智慧景区在环境、社会、经济方面，拥有比传统旅游景区更加透彻的感知、更广泛的互联（Interconnection）、更科学的可视化旅游景区管理系统

① 章小平，邓贵平."智慧景区"建设浅探（上）[N].我国旅游报，2010-01-18（7）.
② 季国斌，陈丽，暴莹.大连市智慧景区的发展现状及对策[J].我国经贸导刊，2016（5）：56-59.
③ 张秀英.信息生态视角下智慧旅游构建与发展路径研究[J].经济问题，2018（5）：124-128.

续　表

研究者	年份	概念
党安荣等人	2011	智慧景区利用感知器信息交流通信网（Sensor Network）、IoT、互联网、空间信息技术（Spatial Information Technology），对旅游景区的资源、基础设施、游客活动、灾害危险等进行全面、系统、及时感知和精密管理，通过旅游景区信息收集、传送处理和分析的自动化，实现综合性、实时性、相互性、可持续地提高旅游景区信息化及服务水平的目标
郭伟等人	2011	智慧景区信息化以数字旅游景区为基础，通过 IoT、感应器信息交流通信网、空间信息技术等最新技术，实现对旅游景区基础设施、资源、游客活动、灾害危险等的更全面、更及时的感知和精密管理
邓贤峰、李霞	2012	智慧景区是指在智慧城市及智慧旅游总体目标下，以 IoT、云计算、新一代通信网、高性能信息处理等现代通信与信息技术融合为基础，结合创新服务和管理理念，激活旅游景区资源，为游客感知及旅游景区管理，构建以游客互动体验为中心，进行单一信息管理的旅游景区信息化及智能化服务管理体系
葛军莲、顾小钧、龙毅	2012	智慧景区是高度集成的智能技术和科学管理理论，代替传统需要游客个人判断和决心的业务，在最佳状态下准确、高效地处理各种业务，以数字方式提供即时、简便、系统、准确的旅游景区管理和服务，打造规范、高效的旅游景区
梁倩、张宏梅	2013	智慧景区的本质是将新一代信息技术应用到旅游业中，通过多种体验满足游客的需求，提高满意度为目标，智能有效地利用旅游景区资源，提高旅游景区的管理水平，增强竞争力
季国斌、陈丽、暴莹	2015	智慧景区是指在智慧城市的总体目标下，以互联网、云计算、信息通信等技术为基础，以提高游客体验为目的，结合新一代服务管理理论，实现智慧化管理，促进旅游景区全面持续发展
张秀英	2018	智能景区是利用 IoT、云计算、大数据、AI 等技术，通过手机、电脑等智能终端完成旅游服务的旅游景区

二、智慧景区现状

我国智慧景区从无到有，从基础设施建设到配套服务完善、产业形态创新，展现了全新的局面。随着我国政府的努力和产业的关注，我国国内的智慧景区正在逐渐增加，有关智慧景区结构的研究正在进行中。智慧旅游是结合旅游地规划、保护、管理、发展的客观需要而诞生的一个新的研究领域，该结构为我国的智慧景区建设提供了理论基础，并在我国旅游业领域得到广泛使用。唐安荣等人根据信息技术及信息社会发展的趋势和旅游资源保护和利用需求的增加，提出了智慧景区建设的总体框架。[①]智慧景区的构建可概括为"三个平台、五大系统、七个保障"。三个平台包括信息感知与传输平台（信息基础设施）、数据管理与服务平台（数据基础设施）、信息共享与服务平台（共享服务设施），五大系统包括资源保护系统、业务管理系统、旅游经营系统、公众服务系统、决策支持系统，七大保障是管理政策、运营机制、资金投入、信息技术、标准规范、人才保障、安全保障。2021年《中国国家旅游》和《网络周刊》等机构以网络、在线申报、问卷调查、单位自荐、专家推荐综合评估等六大类方法评估和推荐，对中国智慧景区的在线预订、智能导游、电子讲解、信息推送等服务进行了实地调研和科学的评估。[②]随着对智慧城市、智慧旅游、"旅游+"等概念的深化研究，智慧景区的概念得到了进一步的拓展和延伸。

---

① 党安荣，张丹明，陈杨.智慧景区的内涵与总体框架研究[J].中国园林，2011，27（9）：15-21.

② 晨曦.2021中国智慧景区TOP300[J].互联网周刊，2022（2）：58-62.

三、国内外智慧景区的相关研究及趋势

在我国，对智慧景区的研究更多的是从技术角度出发，而不是以游客为对象。特别是在发展目标及功能方面，多数学者提到要以实现景区的信息化、自动化、智能化为目标。学者们一致认为，作为智慧景区的核心组成部分，尖端信息技术及科学管理理念是智慧景区建设的精髓，IoT 是智慧景区的核心技术之一。章小平、邓贵平、杨振峰、郭伟、邓贤峰、李霞、李海蓉、姜雪娇在研究中强调了 IoT、通信网及信息技术等智慧景区的构成要素，李洪鹏、党安荣、葛军莲、刘云昌在旅游景点及科学管理平台方面对智慧景区进行了研究。在本研究中，智慧景区包括 AI、大数据、IoT、云计算、多媒体技术等技术的应用。基于我国学界关于智慧景区的理论研究，笔者整理相关内容如表 2-4 所示。

表 2-4　智慧景区相关研究

研究者	年份	研究方向及构成要素
章小平、邓贵平	2010	IoT，最新的管理理念
邵振峰	2010	IoT 设备、基础网络、基础设施网络、应用层
党安荣	2011	信息检测与传输平台、数据管理与服务平台、信息共享与服务平台
李洪鹏	2011	感知层、应用层、软件社会基础设施、网络层、数据交换平台系统
郭伟	2011	IoT、传感器信息交流通信网、空间信息技术
葛军莲	2012	数据、软件、硬件、样品、服务领域的智能技术、科学管理论 (Scientific Management Theory)

研究者	年份	研究方向及构成要素
邓贤峰、李霞	2012	IoT、云计算、新一代通信网、高性能信息处理
李海蓉、姜雪娇	2013	IoT、互联网、传感器网络技术、空间信息技术
刘云、黄昌情	2013	基础信息平台、信息管理平台、综合决策平台
季国斌	2015	互联网、云计算和信息通信技术
张秀英	2018	IoT、云计算、大数据、AI 等技术

第三章　体验经济理论（4Es）

第一节　体验的概念

　　体验因各种要素影响和游客所具有的个体性特性差异，很难用一句话来定义，但是可以总结为一个包含游客通过视听体验的实际过程获得的知识或技能的综合概念。体验在旅游研究领域应用广泛，其应用范围也在逐步扩大。旅游营销领域的体验大致可以分为企业营销观点和旅游体验观点两大类。首先，从企业营销的角度来看，体验具有强制性、主观性、特殊性和情境性、记忆性，[①]是顾客通过与企业商品或销售从业者的互动而经历的整体心理活动的变化，会对顾客的未来行为产生各种影响。因此，从企业的角度来看，体验可以说是为了提高游客的满意度，确保忠诚游客而采取的营销策略，企业为了防止自己的产品卷入与其他竞争对手的价格竞争的困局中，应该在自己的产品或服务中增加体验的

[①]　Pine B J, Gilmore J H. *Welcome to the Experience Economy*[M]. Cambridge, MA, USA: Harvard Business Review Press, 1998:97-108.

价值。朴秀景、朴智慧和车太勋认为，顾客比起企业提供的任何商品或服务，更倾向于参与特定活动或活动体验创造新的价值，因此，理解体验因素并将其应用到商业营销中是非常重要的事情。①

在上述视角的基础上，李龙焕认为体验可以说是特定消费者通过亲身经历的个人经验的心理过程或个人主观中可以看到的意识过程或内容，②体验是认知、情绪内容和行动因素相互混合的产物。朴在宽认为，旅游体验是反映旅游心理、主观性、情绪特点的最终产品，是游客通过与旅游目的地的直接接触而感知到的心理过程。③Bhattacharjee和Moreno认为，从旅游体验的角度来看，体验影响个体评价情绪反应的信息价值。④体验指在情绪活动发生的过程中，不通过单纯的感觉或意识，而通过有意义的东西来感受自己存在。另外，旅游体验可以定义为游客在旅游活动中认知判断或情绪反应的个人行为过程。归根结底，这些心理反应反映了游客感知到的认知或情绪行为、感受。李俊烨、刘正林、赵贤敏和赵泰英认为，特别是旅游体验是通过"动机→体验→结果"三个阶段的过程形成游客行为机制，不仅会通过现场感受到直接体验，还会通过事前、事后对旅游活动的感知对个人心理产生影响。⑤

McColle-Knendy在研究游客体验时认为，体验是服务提供商可

① 朴秀景，朴智慧，车太勋.体验要素（4Es）对体验乐趣、满意度、重访的影响[J].广告研究，2007（76）：55-78.

② 李龙焕.体验教育的理想方向[J].韩国农业教育学会，2007（30）：1-36.

③ 朴在宽.研究地区庆典环境线索和旅游体验对庆典举办效果和访客满意的影响[D].首尔：东国大学，2011.

④ Bhattacharjee S, Moreno K. The impact of affective information on the professional judgments of more experienced and less experienced auditors[J]. *Journal of Behavioral Decision Making*, 2002, *15*（4）：361-377.

⑤ 李俊烨，刘正林，赵贤敏，等.关于庆典项目体验性的研究：以瑞山海美邑城事例为中心[J].文化旅游研究，2005，7（2）：97-111.

以控制的因素（服务环境、氛围、价格等因素）和不可控因素（来自他人的影响、智能手机等设备等）多种情况下使游客产生的消费的结果。[①]Lemon 和 Verhoef 将体验定义为从多维度的角度展开，作为游客在购买和体验产品期间的认知、情感、行动、感官和社会反应，主要体现在消费的购买过程中。[②]

特别是 21 世纪以后，体验一词在旅游领域的研究和应用开始浮出水面，旅游业作为为游客提供旅游体验的服务产业，能在多大程度上引导游客体验来决定其市场价值。白景美认为，在旅游领域的体验可以说是游客带着特定的访问目的，通过参与各种旅游活动等获得满足自身需求的体验性活动。[③]脱离日常生活的同时在非惯常环境进行特别的体验可以定义为旅游，因此在旅游活动中体验这个因素显得非常重要。

根据一些学者的研究成果，笔者将体验及旅游体验的定义和概念整理如表 3-1 所示。

表 3-1　体验的定义及概念

研究者	年份	定义及概念
李龙焕	2007	消费者通过亲身经历的心理过程或个人主观能看到的意识过程或内容
朴在宽	2011	游客通过与旅游景点的直接接触而迟到的心理过程
白景美	2011	能激发游客魅力和旅游欲望的活动的直接体验

---

① Mccoll-Kennedy J R, Gustafsson A, Jaakkola E, et al. Fresh perspectives on customer experience[J]. *Journal of Services Marketing*, 2015, *29*（6/7）: 430–435.

② Lemon K N, Verhoef P C. Understanding customer experience throughout the customer journey[J]. *Journal of Marketing*, 2016, *80*（6）: 69–96.

③ 白景美.旅游活动体验对愉悦度和满足的影响 [J].活动会议研究, 2011, 7（2）: 1–18.

续　表

研究者	年份	定义及概念
McColl-Kennedy 等人	2015	多种消费状况下的结果
Lemon 和 Verhoef	2016	消费热情、消费升级

第二节　体验经济理论及构成

在旅游领域，体验的研究始于 Cohen，他将体验的类型分为追求多样性、娱乐、流浪、远离孤独、朝圣 5 种。[①]另外，金镇洙表示要掌握游客的体验内容及体验过程中的心理变化，可以将旅游中主观体验的内容分为知识、个人学习、审美体验及社会交流这 4 个要素。[②]从旅游体验的角度来看，Pine 和 Gilmore 将个人体验分为参与程度和与周围环境的关系、以被吸收或浸入其中、积极参与和消极参与建立的坐标系来阐释多维度的体验，多维度的划分为娱乐体验因素（Entertainment Experience）、逃避因素（Escapist Experience）、教育体验因素（Educational Experience）、审美体验因素（Esthetic Experience）4 个因素（4Es）。[③]

根据体验经济理论，如图 3-1 所示，体验会受到消费者个人因素（积极参与和消极参与）和环境因素（吸收和投入）的影响。个人因素根据

---

① Cohen E. Authenticity and commoditization in tourism[J]. *Annals of Tourism Research*，1988，*15*（3）：371-386.

② 金镇洙.利用固有性概念的苏莱浦口的观光体验战略 [J].旅游经营研究，2002，6（2）：19-36.

③ Pine B J, Gilmore J H. Welcome to the experience economy[J]. *Harvard Business Review*，1998（76）：97-108.

游客的参与程度分为消极参与和积极参与，环境因素根据体验对象和与环境的相互关系分为吸收和沉浸。从游客的参与程度来看，消极参与包括娱乐和审美层面，而积极参与包括教育和逃避层面。而从环境因素方面来看，消费者主要是吸收目的地提供的有趣和有教育意义的内容，而他们自己则沉浸在目的地环境中，让他们能够进行审美或逃避的体验。只有当这 4 个类型体验实现时，才能达到最佳的体验效果。

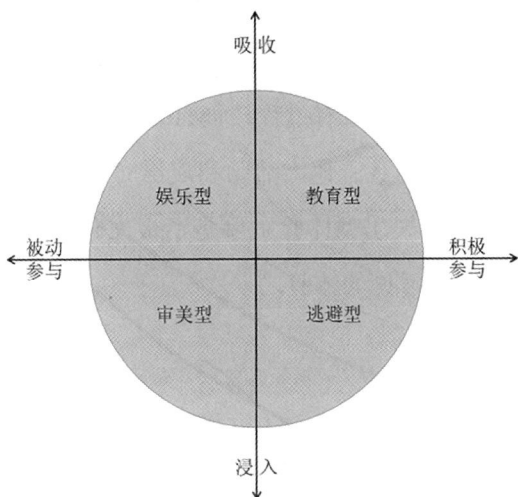

图 3-1　体验因素

一、娱乐型体验

娱乐型体验发展时间最长，是今天最熟悉的体验形式，与个人被动参与有关。娱乐型体验是指通过感觉消极地吸收体验的形式，为游客带来的体验，如观看演出、听音乐、愉快地读书。[①]金元谦认为，娱乐型体

① Pine B J, Gilmore J H. Welcome to the experience economy[J]. *Harvard Business Review*，1998（76）：97-108.

验是指所有能给游客带来愉悦度的产品或设施提供的服务的统称，给游客带来乐趣和愉悦度的情感[1]，游客在访问某个特定场所或接受服务的过程中，通过五感进行感官体验，可以说是感受到愉悦度的情感和娱乐的愉悦度。[2]

申东柱认为，娱乐型体验意味着参与者在进行体验活动时，感知到的娱乐性心情和愉快的心情。[3]玄慧京将体验活动中能感受到的娱乐型愉悦度定义为个人感知到的娱乐型体验。[4]宋学俊认为，旅游中的娱乐型体验可以说是旅游、博览会或庆典的访客对其他人的行为感到开心，观看和享受各种演出和活动等的所有过程。[5]Manthiou、Lee、Tang 和 Chiang 认为娱乐型体验是人被动观看他人活动和演出时典型发生的感知体验[6]，尹设玟和李忠基认为，娱乐型体验主要是消极文化的享受形式（如演唱会、演出、音乐会）中常见的体验之一。[7]

---

① 金元谦.根据线上和线下购物业态的购物情况对消费者态度变化的研究 [D].首尔：韩国外国语大学，2003.

② Babin B J, Darden W R, Griffin M. Work and/or fun: Measuring hedonic and utilitarian shopping value[J]. *Journal of Consumer Research*, 1994, *20*（4）：644-656.

③ 申东柱.活动中的体验要素对体验愉悦度、体验满足及行动意图的影响：以 Pine & Gilmore 的体验理论为中心 [J].旅游学研究，2010, 34（9）：251-270.

④ 玄慧京.庆典体验因素对回访及推荐意图的影响：以投入和满足的参数为中心 [D].全州：全州大学，2015.

⑤ 宋学俊.2012 丽水世博会访客的体验对感知价值和满意度的影响 [J].酒店经营学研究，2023, 22（6）：159-174.

⑥ Manthiou A, Lee S, Tang L, et al. The experience economy approach to festival marketing: Vivid memory and attendee loyalty[J]. *Journal of Services Marketing*, 2014, *28*（1）：22-35.

⑦ 尹设玟，李忠基.查明根据体验经济（4Es）观点的庆典体验、迟到的品质、迟到的价值以及情绪投入间的影响关系：以 2016 首尔光灯庆典为中心 [J].旅游研究，2017, 32（5）：79-96.

二、教育型体验

教育型体验可以说是通过体验活动，对体验对象的智力和技术等方面提高的认知程度，同时提出，体验参与者通过体验活动感知与体验对象相关的技术或知识的提升程度称为教育型体验。[①]另外，尹慧珍认为，教育型体验虽然环境因素较低，但可以说是以游客个人的积极参与为基础，通过学习获得广泛共识的体验。[②]朴仁哲认为，从一定视角分析教育型体验在环境方面的个人参与度和通过体验的知识涵养和吸收能力很高。[③]

朴秀景、朴智慧和车太勋认为，教育型体验是体验接受的知识和信息，提高能力，必须实现精神和肉体上的双重性积极参与。[④]河东贤认为参观博物馆的游客，将学习该地区的历史作为教育型体验，在世博会上参与陶瓷制作体验的游客，不仅学习制作陶瓷的技术，还学习该地区的陶瓷历史，这些都属于教育型体验的范畴。[⑤]

教育型体验是通过学习新事物来激发游客的兴趣，以表达他们的需求，包含个人积极参与的意愿。游客们希望在旅游目的地通过精神和身

---

① Oh H, Fiore A M, Jeoung M. Measuring experience economy concepts: Tourism applications[J]. *Journal of Travel Research*，2007，*46*（2）：119-132.

② 尹慧珍.关于国际会议城市指定政策效果的研究[J].MICE 观光研究，2010，10（3）：27-45.

③ 朴仁哲.地区庆典体验对传统市场使用行动意图的影响：以讲故事的调节效果为中心[D].大田：韩南大学，2016.

④ 朴秀景，朴智慧，车太勋.体验要素（4Es）对体验乐趣、满意度、重访的影响[J].广告研究，2007（76）：55-78.

⑤ 河东贤.大邱、庆北外来游客的体验对体验的乐趣、体验满足及喜爱度的影响——以 Pine 和 Gilmore 的体验经济理论（Experience Economy）为中心[J].旅游研究，2009，24（5）：359-380.

体的互动、关注和积极参与，沉浸在他们面前的活动中。[①] 李佑镇认为，部分游客想通过在旅游目的地的教育型体验来增加他们的技术和知识。[②] 张允英和徐元锡认为，教育型体验与娱乐型体验不同，是通过掌握各种信息进行的活动，同时要求参与者开展积极的活动，因此，教育型体验主要是指依托外因进行的活动。[③] 特别是为了提高知识、技术、能力，此时需要人们表达热爱的态度，因此，教育型体验可以说是通过积极参与谋求有意义的体验类型。

三、逃避型体验

逃避型体验可以说是摆脱日常生活，沉浸在体验对象中的程度。[④] 享受逃避体验的游客在完全沉浸的脱离日常生活的状态下积极参与体验，不仅是被动地观看演出或话剧的消极作用，还可以使游客参与到所处环境中，成为能影响实际演出效果的演员。[⑤]

朴秀景、朴智慧和车太勋认为，逃避型体验比娱乐型体验或教育型体验需要更多的投入，他们在对体验要素对体验乐趣、满意度、重访意图影响的研究中提到，在逃避型体验期间，参与者会在完全投入的状态

---

① 张东东. 关于主题公园体验、投入、依恋标志、重访意图及推荐意图之间影响的研究 [D]. 大田：又松大学，2019.

② 李佑镇. 海外旅行体验要素对旅行目的地形象的影响：以对我国旅行地的依恋标志为中心 [D]. 首尔：世宗大学，2012.

③ 张允英，徐元锡. 外来游客的购物体验要素对满意度、情绪投入的影响：以 Pine & Gilmore 的体验经济理论为中心 [J]. 观光学研究，2014，38（10）：199-219.

④ Oh H, Fiore A M, Jeoung M. Measuring experience economy concepts: Tourism applications[J]. *Journal of Travel Research*, 2007, 46（2）: 119-132.

⑤ 朴恩爱. 旅游体验对愉悦度、满足、依恋度和行动意图的影响 [D]. 釜山：东明大学，2018.

下积极参与到所处的场景中。也就是说，逃避型体验比娱乐型体验和教育型体验的投入更高，可以理解为需要更加积极地参与。[①]玄慧京将沉浸在体验中的对象感受到日常生活中没有感受到的积极情感定义为逃避型体验，认为该因素是激发旅游活动中最重要的动机因素，逃避型体验是摆脱每天重复的日常生活和无聊环境，逃避到新的世界的体验。[②] Song、Ahn 和 Lee 认为，逃避型体验反映了游客为了其他文化体验而想要脱离日常环境的欲望，因此属于旅游的最基本动机。[③]张允英和徐元锡认为，逃避型体验是一种直接参与戏剧或参与管弦乐队活动等互动性和要求投入的体验，比娱乐型体验和教育型体验投入的程度更强。[④]

四、审美型体验

审美型体验可以说是访客对体验对象艺术性的认知程度，是指游客在某个场所体验和欣赏具有审美性的事物。[⑤]审美体验是指游客的消极参与和更高环境水平的沉浸的体验，参加者认知体验对象所具有的审美要

① 朴秀景，朴智慧，车太勋.体验要素（4Es）对体验乐趣、满意度、重访的影响 [J].广告研究，2007（76）：55-78.

② 玄慧京.庆典体验因素对回访及推荐意图的影响：以投入和满足的参数为中心 [D].全州：全州大学，2015.

③ Song H J, Ahn Y, Lee C K. Examining relationships among Expo experiences, service quality, satisfaction, and the effect of the Expo: The case of the Expo 2012 Yeosu Korea[J]. *Asia Pacific Journal of Tourism Research*, 2015, *20*（11）：1266-1285.

④ 张允英，徐元锡.外来游客的购物体验要素对满意度、情绪投入的影响：以 Pine & Gilmore 的体验经济理论为中心 [J].观光学研究，2014，38（10）：199-219.

⑤ 河东贤.大邱、庆北外来游客的体验对体验的乐趣、体验满足及喜爱度的影响——以 Pine 和 Gilmore 的体验经济理论（Experience Economy）为中心 [J].旅游研究，2009，24（5）：359-380.

素更丰富，美术馆或自然景观的游览成为主要体验对象。[①]

朴仁哲认为，审美型体验可以说是通过在享受美学因素或视觉因素的同时，将美的艺术因素和美学因素加入体验，可以认为这种审美体验有消极参与和追求观察者观点的倾向。[②]旅游中的审美型体验可以说是参加会展等场所的游客通过从摄影棚、设施及周边景观获得的氛围获得的体验。金成泰和李钟焕将在拥有自然或人工环境的观光地逗留期间感受对象的内在部分和审美要素的体验定义为审美型体验。[③]玄慧京认为，审美型体验是一种消极的参与，意味着从观察者的角度进行的满足，视觉或美学因素的艺术性会达到极致。[④]Mehmetoglu 和 Engen 认为，在博物馆里历史文物的美学性的布置、在度假村酒店体验迷人的服务风景或氛围、尼亚加拉瀑布的风景等都属于审美型体验。[⑤]以自然原汁原味的环境为基础，提供让人欣赏和接受的美丽的元素都属于该范畴。

基于以上对体验经济理论的研究，笔者将体验经济理论的构成因素及领域划分整理如表 3-2 所示。

---

① 宋学俊，崔英俊，李忠基.根据 4Es 理论研究庆典访客的忠诚度 [J].旅游研究，2011，25（6）：179-198.

② 朴仁哲.地区庆典体验对传统市场使用行动意图的影响：以讲故事的调节效果为中心 [D].大田：韩南大学，2016.

③ 金成泰，李钟焕.分析地区庆典的体验要素、旅游目的地形象、旅游满意度以及行动意图之间的影响关系 [J].旅游研究杂志，2012，26（4）：5-25.

④ 玄慧京.庆典体验因素对回访及推荐意图的影响：以投入和满足的参数为中心 [D].全州：全州大学，2015.

⑤ Mehmetoglu M, Engen M. Pine and Gilmore's concept of experience economy and its dimensions: An empirical examination in tourism[J]. *Journal of Quality Assurance in Hospitality & Tourism*, 2011, *12*（4）：237-255.

表3-2 体验经济理论的构成因素及领域划分

体验因素	内容
娱乐型体验	通过旅游体验全身感受到的兴奋、刺激、愉悦度等
教育型体验	通过旅游体验培养认知方面的知识等
逃避型体验	通过旅游体验感受到的脱离现实的新形态的投入感或脱轨感
审美型体验	刺激在旅游体验中感受艺术或视觉体验

第三节 体验经济的相关研究及趋势

到目前为止，关于体验经济理论的研究已经延伸到诸多领域，旅游学领域的研究对象主要为游客。主要是对游客的体验、体验满足、体验愉悦度及体验后行动意图之间的关系研究较多。

姜东昊以外国游客为对象，研究了乡村旅游体验因素对愉悦度和行动意图的影响，结果显示，娱乐型体验、逃避型体验对愉悦度有正（＋）的显著影响。[1]张浩中和金东贤在关于休闲体育旅游体验要素与愉悦度及旅游行动意图的关系的研究结果中显示，旅游体验要素（娱乐体验、教育体验、审美体验、逃避体验）对愉悦度有显著的正（＋）相关的影响。[2]李美惠在关于庆典体验对参与者愉悦度、品牌依恋、喜爱度影响的研究结果显示，娱乐体验、审美体验、逃避体验对愉悦度产生显著的正（＋）

---

[1] 姜东昊.乡村旅游体验因素对愉悦度和行动意图的影响[J].旅游经营研究，2018，22（5）：47-67.

[2] 张浩中，金东贤.休闲体育观光体验要素与乐趣及旅游行动意图的关系[J].韩国体育学会志，2015，54（4）：427-437.

相关的影响。①

徐敏静以海洋休闲体育参与者为对象，考察了体验、情感、记忆、满足及忠诚度之间的影响关系。研究结果显示，审美体验、逃避体验及娱乐体验对情感产生显著的正（＋）相关的影响，教育体验、审美体验对记忆产生显著的正（＋）相关的影响。②金胜利和任玉男在考察徒步游客的体验对满意度和重访意图的影响。由此确认，在4种体验（教育型、娱乐型、逃避型、审美型）中，审美体验和逃避体验对徒步游客的满足产生显著的正（＋）相关的影响，这种满足对重访意图也产生显著的正（＋）相关的影响。同时，为了提高徒步游客的满意及重访意图，加强审美型及逃避型体验的质量显得非常重要。③安镇哲、金敏智和吴勋成对旅游专列的体验要素对满意度及再购买意图的影响研究结果显示，娱乐体验、审美体验、逃避体验对满意度有显著影响，满意度对再购买行动意图有显著影响。④

在体验要素与消费者体验价值之间的影响关系研究中，明有真以寺庙住宿参与者为对象，围绕体验要素、感知价值、可靠性、沉浸感及满意度进行研究，得出娱乐体验及教育体验对满意度产生显著的正（＋）相关的影响。⑤季瑞云和李忠基在研究露营体验中运用到体验经济理论，揭

---

① 李美惠.庆典体验对参加者的愉悦度、品牌热爱、喜爱度的影响[J].旅游研究杂志，2016，30（5）：31-44.

② 徐敏静.海洋休闲运动参与者的体验对感情、记忆、满足和忠诚度的影响[J].首尔：世宗大学，2012.

③ 金胜利，任玉男.关于徒步观光的体验要素（4Es）、满意度和重访意图的研究[J].韩国计算机信息学会，2014，19（5）：99-107.

④ 安镇哲，金敏智，吴勋成.旅游专列体验因素对满意度和回购行动意图的影响[J].旅游休闲研究，2019，31（12）：45-67.

⑤ 明有真.利用体验经济理论对寺庙住宿参加者满意度研究[D].首尔：世宗大学，2017.

示了露营游客的体验（教育、娱乐、逃避、审美）对体验价值（环境、功能、感性）和行动意图的影响。由此确认，教育型、美感体验对环境价值产生显著的正（＋）相关的影响，教育型、娱乐型、美感体验对情感价值产生显著的正（＋）相关的影响。[①] 相反，露营游客的娱乐、逃避现实、审美体验对情感价值有显著影响。同时，所有的经验价值对满足、满足对行动意图产生显著的正（＋）相关的影响。王震云考察了游客的智慧旅游体验（4Es）对满意度和重访意图的影响。研究结果显示，娱乐型体验、审美型体验、逃避型体验对智慧旅游价值及智慧旅游满意度产生了正（＋）的显著影响。调查结果显示，智慧旅游价值、智慧旅游满意度对重访意图产生了正（＋）的显著影响。[②]

---

① 季瑞云，李忠基．利用体验经济理论对野营游客体验要素的研究 [J]．酒店经营学研究，2017，26（7）：21-37.

② 王震云．游客的智慧旅游体验（4Es）对满意度和重访意图的影响 [J]．韩国观光学会，2020（88）：341-345.

第四章　旅游愉悦度

第一节　旅游愉悦度的概念

愉悦是人类情感中最具代表性的反应之一，在词典中表示为具有内心没有障碍、欣慰和高兴的意义，是对悲伤、厌烦、愤怒等的相反概念，[①]可以说是反映愉悦、喜欢、有趣等心情的积极情绪反应。一般来说，愉悦度与兴趣一词混用，但兴趣是指对某个行为感兴趣、专注或被吸引，愉悦度是指消费者感到满意和愉悦本身，两者被区分为不同的意思使用。[②]

在 20 世纪 40 年代的精神分析学方法中，学者们探讨了连续剧等大众文化形式所提供的代偿满足的功能，并以此为基础对愉悦度进行了分

[①]　Wankel L M, Sefton J M. A season-long investigation of fun in youth sports[J]. *Journal of Sport and Exercise Psychology*，1989，*11*（4）：355-366.

[②]　Ainley M, Hidi S. Interest and enjoyment[M]// Pekrun R, Linnenbrink-Garcia L. *International Handbook of Emotions in Education*. New York: Taylor & Francis, 2014: 205-227.

析。20世纪60年代，学者开始了对利用和满足理论中消除挫折感的研究，在这些研究中，从根本上说，当人类的需求得到满足时，他们所感受到的满足体验就是愉悦度。[1]愉悦度的概念定义大部分是作为积极情感的一部分，以愉悦心情和愉悦的情感来表达的，愉悦度通常不仅发生在足球、棒球、篮球、网球等身体活动中，也发生在阅读或观看电影等精神活动中。[2]尽管学者们对人类积极情感的重要体现之一——愉悦度的理解尚未达成共识，但可以相对统一地将他们各自的研究和见解定义为反映通过大部分经验或体验获得的积极情感，即幸福、喜欢、快乐、乐趣、兴奋等心情的积极情绪反应。[3]

自20世纪80年代开始，游客行为研究领域逐渐将研究焦点转向情感维度，其中情感测量作为核心研究方法，成为该领域情感研究的奠基性起点。最具代表性的模型是Mehrabian和Russell提出的PAD模型，用于测量游客的情感反应。[4]情感模型可以测试和评估用户的情感体验，以指导旅游产品的改进和优化，辅助产品设计评价决策。PDA模型从个人感到幸福愉悦的愉悦度（Pleasure），意味着刺激、兴奋和活跃的激活度（Arousal），对周围环境具有影响力并感到可控制和重要的支配度（Dominance）来解释人类的情感结构。Watson和Clark Tellegen将情感测量为两个独立维度的积极情感和消极情感，开发了PANAS（Positive

---

① Dec1 E L, Ryan R M. *Handbook of Self-Determination Research*[M]. New York: University Rochester Press, 2004.

② Nakamura J, Csikszentmihalyi M. The concept of flow[J]. *Handbook of Positive Psychology*, 2002（89）：105.

③ Izard C E. *Human Emotions*[M]. New York: Plenum, 1977.

④ Mehrabian A Russell J A. *An Approach to Environmental Psychology*[M]. Cambridge: the MIT Press, 1974.

Affect Negative Affect Schedule）尺度。[1] 消费过程中感受到的积极情绪可以分为兴奋、愉悦、舒适、安心、情绪转换等，消极情绪可以分为愤怒、无聊、不愉快、后悔等，这些情绪对消费者的评价有显著影响。[2]

另外，愉悦度是指在进行商品、服务消费行为时，无论成果和重要性如何，仅凭其行为本身就感知到愉悦和喜欢的水平。李志勋、申恩庆和金智淑将愉悦度定义为在刺激下感到幸福和愉快的程度，并用快乐、满足、希望、愉快等来表达的情感。[3] 金相熙试图通过区分情绪愉悦和认知愉悦来观察关于情感和认知关系的两种模式整合的可行性。同时，提出了情感－行为模式和认知－情感行为模式整合的可行性方案。[4] 也就是说，将刺激－情感－行为中的情感视为情绪愉悦，将刺激－认知－情感－行为中的情感区分为认知愉悦，这两种模式不是单独存在的，而是交易过程中可能同时发生的因素。

在游领消费决策中，享乐与情感因素占据主导地位。愉悦度作为对体验性刺激的弥散性情感反应，反映了消费者对整体体验的综合评价与情感记忆，对后续决策具有持续影响。[5] 张炯有将愉悦度定义为对商品、服务使用和消费相关体验时愉悦、高兴地感知的程度或对体验的积极、

---

[1] Watson D, Clark L A, Tellegen A. Development and validation of brief measures of positive and negative affect: The PANAS scales[J]. *Journal of Personality and Social Psychology*, 1988, *54*（6）: 1063.

[2] Blackwell R D, Miniard P W, Engel J F. *Consumer behavior* [M].Boston, Massachusetts: Thomson/South-Western, 2006: 1-13.

[3] 李志勋，申恩庆，金智淑. 关于未来功能游戏的研究 [J]. 韩国娱乐产业学会，2011, 5（2）: 34-40.

[4] 金相熙. 消费者的情感享受与认知享受：认知与情感的动态关系 [J]. 经营学研究，2011, 40（2）: 255-295.

[5] 李钟浩，吴正源，朴孝贤. 对店铺环境的通风和愉悦度、行动之间关系的研究 [J]. 流通研究，2008, 13（4）: 21-46.

情绪化反应。[①]李宥阳和刘炳浩在以庆典访客为对象的研究中,将愉悦度定义为体验庆典要素后感受到的积极情绪反应。[②]另外,姜亨吉和赵熙泰在对大学生身体休闲活动中的休闲态度、乐趣、沉浸体验的分析模型中得出,感性休闲态度对成就感愉悦度、非成就感愉悦度和沉浸感都有影响,认知休闲态度只对成就感愉悦度产生影响。[③]愉悦度的概念概括如表4-1所示。

表4-1 愉悦度的概念

研究者	年份	概念
李钟浩、吴正源、朴孝贤	2008	对体验等刺激的情感反应的享乐类型
李志勋、申恩庆、金智淑	2011	在刺激下感到幸福、愉悦的程度,具有喜悦、满足、希望、愉快等感情
张炯有	2012	商品/服务使用与消费相关体验时,愉快地感知程度或对体验的积极、情绪化的反应
李宥阳、刘炳浩	2015	体验庆典体验要素后产生的积极情绪反应
Izard	1977	通过大部分经验或体验获得的积极情绪,即反映幸福、开心、快乐、趣味、兴奋等情绪的积极情绪反应
Carpenter 等人	1993	反映喜悦、喜欢和乐趣等情绪的积极反应
Deci 和 Ryan	2002	人类从根本上满足自身需求时的满足体验
Nakamura 和 Csikzentmihalyi	2002	大部分都是积极情绪的一部分,即快乐又高兴的情绪

① 张炯有.体育中心的服务质量对顾客满意的影响及顾客满意的媒介作用、参与度和愉悦度的调节作用[J].服务经营学会,2012,13(1):107-132.

② 李宥阳,刘炳浩.庆典体验要素对愉悦度、满意度及行动意图的影响[J].旅游休闲研究,2015,27(1):271-290.

③ 姜亨吉,赵熙泰.对大学生身体休闲活动中的休闲态度、愉悦度、投入经验的分析模型[J].韩国休闲娱乐学会,2014,38(1):33-42.

续　表

研究者	年份	概念
Ainley 和 Hidi	2014	一般来说，愉悦度与兴趣这个词混合使用，但兴趣是对某种行为产生兴趣或抓住心灵

第二节　旅游愉悦度的组成部分

为了理解消费者的行为，研究者会关注体验的情感反应。具体依据可以用 PAD（Pleasure Arousal Dominance）模型来解释，即人类在某个特定环境中经历情绪反应后会采取行动，其中有 3 个维度：愉悦度、激活度和支配度。[①] 此后，Russell 和 Pratt 在 1980 年提出了 PA（Pleasure-Arousal）模型，它从 PAD 模型中移除了支配，将愉悦度完全分离为认知反应和情感反应，将其视为独立的愉悦度和激活度两个层面。[②] 在营销领域，情感也主要分为愉悦度和激活（唤起）两个因素。

虽然学者们对构成 PAD 模型和 PA 模型的愉悦度的看法并不一致，但很多学者认为愉悦度是反映愉悦、喜欢、乐趣等心情的积极情绪反应。Eroglu、Machelit 和 Davis 在他们对网上商店的氛围和消费者反应的研究中，将愉悦度分为喜爱、愉快、幸福、满足的测量维度，[③]Bigné、Andreu

[①]　Mehrabian A, Russell J A. *An Approach to Environmental Psychology*[M]. Cambridge: the MIT Press, 1974.

[②]　Russell J A, Pratt G. A description of the affective quality attributed to environments[J]. *Journal of Personality and Social Psychology*, 1980, *38*（2）: 311.

[③]　Eroglu S A, Machleit K A, Davis L M. Empirical testing of a model of online store atmospherics and shopper responses[J]. *Psychology & Marketing*, 2003, *20*（2）: 139-150.

和 Gnoth 在主题公园体验中对愉悦度、依恋度和满足感的研究中，将其分为满意、幸福、非常愉悦、开心、娱乐 5 个维度。① 郑允熙和李钟浩在对体验性消费中的经验特性、愉悦度与负罪感、再体验意图的关系的研究中，从愉悦度、满足、充足 3 个维度进行了测量和检验。②

金敬姬和许容德在庆典体验对愉悦度、满足及行动意图影响的研究中，将愉悦度测量为愉悦度、开心、愉快、幸福 4 个维度。③ 宋学俊、崔英俊和李忠基在基于 4Es 理论的保宁泥浆庆典游客忠诚度研究中，将愉悦度测量为开心、愉快、活力、幸福 4 个维度。④ 金智熙、尹设玟和金智欣在关于地区庆典的体验要素、乐趣、感知的结果变量之间的影响关系及游客特性比较的研究中，用愉悦、舒适度、与众不同的心情和有趣来测量愉悦度。⑤ 尹设玟和宋学俊基于庆典上的经验，旨在研究访客对庆典品质要素的认知与情感（包括愉悦度、觉醒、支配）以及满意度之间的结构性影响关系。在研究中，他们将愉悦度进一步细分为兴奋的心情、愉快、活力和幸福等维度，以深入探讨这些因素与庆典举办效果之间的

---

① Bigné J E, Andreu L, Gnoth J. The theme park experience: An analysis of pleasure, arousal and satisfaction[J]. *Tourism Management*，2005，*26*（6）：833-844.

② 郑允熙，李钟浩.经验消费中的经验特性、快乐和负罪感、再经验意图的关系[J].经营学研究，2009，38（2）：523-553.

③ 金敬姬，许容德.利用体验经济理论的庆典体验对快乐和满足及行动意图的影响[J].酒店度假村研究，2015，14（1）：103-120.

④ 宋学俊，崔英俊，李忠基.根据 4Es 理论研究庆典访客的忠诚度[J].旅游研究，2011，25（6）：179-198.

⑤ 金智熙，尹设玟，金智欣.关于地区庆典的体验要素、乐趣、流动的结果变数间影响关系及游客特性比较的研究[J].顾客满意经营研究，2010，12（2）：165-184.

关联。① 申东柱在对活动中体验因素对愉悦度影响的研究中，将愉悦度视为反映心理因素变化的指标之一，将愉悦度测量为愉快的心情感受、有趣的感觉、愉悦的感觉、幸福的感觉、活力的参与感5个维度。②

崔英基和赵贤以全州韩屋村的游客为对象，在体验和愉悦度相关的研究中，将愉悦度测量为愉快、幸福、有趣、开心等，③ 千德熙在邮轮旅行体验因素对旅行者情感反应和认知反应影响的研究中，④ 以 Ryu 和 Jang 的研究为依据，将愉悦度区分为好的、幸福的、开心的、有趣的感觉。⑤ 李志勋、具东模和李美贞在分析游客支配力、活力、愉悦度等情感因素之间的因果关系和这些因素对行动意图的影响差异的研究中，将愉悦度定义为被刺激后感到幸福和愉快的程度，并用愉悦度、满足、希望、愉快等维度来测量。⑥

金宇庆在验证参与舞蹈运动的老人愉悦程度的研究中，将愉悦度的因素分为自信、有趣、健康维持、合作心、创意性5个维度。⑦ 金硕基和

---

① 尹设玟，宋学俊 . 以庆典质量、感情（快乐、觉醒、支配）、满意度以及庆典举办效果之间的结构性影响关系分析－刺激－有机体－反应（S-O-R）为中心 [J]. 酒店旅游研究，2016，18（6）：451-580.

② 申东柱 . 活动中的体验要素对体验愉悦度、体验满足及行动意图的影响：以 Pine & Gilmore 的体验理论为中心 [J]. 旅游学研究，2010，34（9）：251-270.

③ 崔英基，赵贤 . SIT 体验因素对快乐和满足及行动意图的影响：以全州韩屋村访客为中心 [J]. 旅游研究，2014，29（3）：105-127.

④ 千德熙 . 邮轮旅行体验因素对旅行者的感情反应和认知反应的影响 [J]. 旅游学研究，2013，37（9）：185-206.

⑤ Ryu K，Jang S C. Dinescape: A scale for customers' perception of dining environments[J]. *Journal of Foodservice Business Research*，2008，*11*（1）：2-22.

⑥ 李志勋，具东模，李美贞 . 线上线下卖场购物顾客的支配力、活力、快乐等感情因素之间的因果关系，以及这些因素对行动意图的影响差异分析 [J]. 营销管理研究，2011，16（1）：89-123.

⑦ 金宇庆 . 参与体育舞蹈的老人快乐尺度合理 [J]. 韩国舞蹈研究，2017，35（4）：25-45.

金志赫在对体育愉悦度生成的研究中，将愉悦度区分为文本的愉悦度和抵抗的愉悦度，文本带来的愉悦度是来自内外刺激的游戏和愉悦度。"抵抗的愉悦度"是指大众可以自己感到愉悦度的自由和解放，有生产性的愉悦度和理想的愉悦度之分。这意味着大众在日常生活过程中，根据如何解读文本而产生的反抗性愉悦度就是大众的愉悦度。[①]与这些研究不同的是，从多维角度看待愉悦度时，金相熙将愉悦度分为情绪愉悦度和认知愉悦度，并对它们进行了研究。情感愉悦度由兴奋、舒适、浪漫、愉快、兴奋、幸福等组成，认知愉悦度有满足感、成就感、期待感、兴趣、信任、满足感等。[②]

根据以上研究内容对愉悦度的构成因素和测量维度进行整理，如表4-2所示。

表4-2 愉悦度构成因素和测量维度

研究者	年份	因素和维度
郑允熙、李钟浩	2009	愉悦度、满足、充足
申东柱	2010	愉快的心情、趣味、快乐、幸福感、活力
金相熙	2011	情感愉悦、认知愉悦
李志勋、具东模、李美贞	2011	心情好、满足、幸福、快乐
宋学俊、崔英俊、李忠基	2011	欢快、快乐、充满活力、幸福感
金硕基、金志赫	2013	文本的乐趣、抵抗的乐趣
千德熙	2013	快乐、愉快、乐趣、兴奋
崔英基、赵贤	2014	兴奋、兴趣、幸福、快乐

① 金硕基，金志赫.运动快乐的意义生成——关于Fiske的抵抗性快乐[J].韩国体育哲学志，2013，21（1）：127-142.

② 金相熙.消费者的情感享受与认知享受：认知与情感的动态关系[J].经营学研究，2011，40（2）：255-295.

续 表

研究者	年份	因素和维度
金敬姬、许容德	2015	开心、新奇、愉快、幸福
尹设玟、宋学俊	2016	欢快的心情、快乐、充满活力、幸福等
金宇庆	2017	自信、趣味、健康维持及审美体验、社交性、创意性
Carpenter 等人	1993	喜悦、喜欢、乐趣等
Eroglu 等人	2003	喜爱、愉快、幸福、满足
Bigné 等人	2005	快乐、兴奋、幸福、满足
Ryu 和 Jang	2008	好的、幸福的、高兴的、有趣的感觉

第三节　旅游愉悦度的相关研究及趋势

Oliver 发现情感反应对消费者的满意起着核心作用。[①] 孙海景、朴哲浩和具本基认为，体验时积极的情感会对体验产生积极的价值评价影响，而且这种积极的价值评价会在体验后产生积极的情感。[②] 河东贤认为，通过体验获得的愉悦度可以提高参与者的满意度。观察体验乐趣对后续变量的影响研究表明，对后续变量有积极影响。博物馆游客获得的体验愉悦度对游客的情感依恋和忠诚度产生了正（＋）的显著影响。[③] 李宥阳和

① Oliver R L. Cognitive, affective, and attribute bases of the satisfaction response[J]. *Journal of Consumer Research*, 1993, *20*（3）: 418-430.

② 孙海景，朴哲浩，具本基 . 根据庆典访问经验形成感情的研究 [J]. 旅游研究，2012, 27（3）: 181-199.

③ 河东贤 . 大邱、庆北外来游客的体验对体验的乐趣、体验满足及喜爱度的影响——以 Pine 和 Gilmore 的体验经济理论（Experience Economy）为中心 [J]. 旅游研究，2009, 24（5）: 359-380.

刘炳浩在研究中，揭示了体验愉悦度对庆典参加者的满意度和行动意图产生正（＋）的显著影响。[1] 柳炳德和李正烈在研究中揭示了愉悦度对满意度有正（＋）的显著影响。[2] 张浩中和金东贤在研究中发现休闲体育游客的体验愉悦度对今后旅游行动意图有正（＋）的显著影响。[3] 李美惠的研究指出，通过体验感受到的愉悦情感对游客品牌依恋的形成有积极影响，进而对品牌忠诚度产生正（＋）的显著影响。[4] 李正学、金贤根和金在焕的研究证明，体验愉悦度是对品牌忠诚度和关系持续意图产生显著影响的变量。[5] 尹设玟和李泰熙在研究中得出了体验愉悦度对满足有显著影响的结果。[6] 李艺率、姜智贤和李忠勋在关于游客对葡萄酒服务的感官体验的研究中，使用 PAD 模型验证后，对游客的满意、重访意图的影响关系进行了验证，得出了愉悦度对满足产生正（＋）的显著影响的结论。[7]

---

[1] 李宥阳，刘炳浩.庆典体验要素对愉悦度、满意度及行动意图的影响 [J].旅游休闲研究，2015，27（1）：271-290.

[2] 柳炳德，李正烈.鱼村的体验要素对访问者的快乐和满意度的影响 [J].产业经济研究，2015，28（5）：2249-2276.

[3] 张浩中，金东贤.休闲体育观光体验要素与乐趣及旅游行动意图的关系 [J].韩国体育学会志，2015，54（4）：427-437.

[4] 李美惠.庆典体验对参加者的愉悦度、品牌热爱、喜爱度的影响 [J].旅游研究杂志，2016，30（5）：31-44

[5] 李正学，金贤根，金在焕.适用体验经济理论的水上公园体验因素与愉悦度、品牌忠诚度、关系持续度之间的结构性关系 [J].韩国体育科学会志，2017，26（5）：729-743.

[6] 尹设玟，李泰熙.庆典节目和游客之间的相互作用性对愉悦度、满意度和行动意图的影响的研究 [J].旅游研究杂志，2013，27（2）：25-42.

[7] 李艺率，姜智贤，李忠勋.客户对葡萄酒服务的感官体验经 PAD 模型鉴定后对客户满意、回访意愿的影响：基于 S-O-R 模型 [J].酒店经营学研究，2022，31（2）：17-35.

第五章　旅游满意度

第一节　旅游满意度的概念

满意（Satisfaction）可以说是顾客在消费体验时所感受到的一系列情感反应，即选择特定的商品或服务后对其的评价性判断。随着游客行为的变化，旅游满意度成为学术界和产业界的重要话题，20世纪70年代以来，旅游满意度一直被解释为以营销思维为中心的概念。20世纪80年代开始，从营销角度开始出现了调查游客满意原因和结果的研究，关于游客满意的研究是围绕期待性和不一致认识体系进行的。Oliver将旅游满意度看作由不一致的期望和游客对消费经验事先有过的情感结合而产生的综合心理状态。①他解释说，满意度是由消费者购买前的预期和对商品或服务感知成果的认识比较而形成的，意味着预期和成果之间的感知差异。

---

① Oliver R L. *Satisfaction: A behavioral Perspective on the Customer*[M]. New York: McGraw-Hill, 1997.

在旅游领域，满意主要以消费者满意的预期理论为依据，可以理解为通过比较游客消费活动的预期和购买后的经验而产生的感性反应。[①]也就是说，满意是指旅游结束后，将旅游经历与预期水平相比较来表达满意，这种满意度会影响今后重访的意图。因此，旅游满意度可以说是由游客自己在旅游活动、重访时考虑的个人情感和价值判断来评判的。

从游客在景区和旅游目的地的视角来看，申基澈表示，游客满意在概念上可以通过游客对景区的期待和游览后的成果方面对利用的投资费用和便利进行比较判断，在操作上可以通过对各种属性的便利之和来衡量。[②]也就是说，游客满意是游客在判断游览前的期待与游览成果是否一致的过程中形成的消费者态度。陈永在认为，旅游满意度是指对旅游目的地、旅游商品等多个属性的便利性进行总体考察时，对旅游活动的选择和参与结果形成的情感、认知经验和情况感到愉快的程度。[③]崔英敏和崔贤植认为，对旅游景点的满意度是游客对商品、服务的认知形成的感性结果，除了服务的质量和价格以外，对旅游产品的接近性或使用的便利性、游客的个人或人际因素以及旅游场所的环境变量都会对该旅游景点的满意度产生影响。[④]尹泰政、沈宇燮和李在坤将旅游目的地满意度定义为以整体满足为重点，对目的地旅游信息的期待和实际经验之间相互

① 高在勇，付淑珍. 根据庆典参加者生活方式的扩张营销混合因素对庆典满意度的影响 [J]. 酒店旅游研究，2009，11（1）：1-14.

② 申基澈. 关于济州游客住宿设施选择属性和满足的研究 [D]. 首尔：京畿大学，2005.

③ 陈永在. 探索寺庙住宿同期、生态住宿型项目偏好度与满意度之间的关系及农村体验旅游联系战略 [J]. 旅游研究，2010，25（4）：353-376.

④ 崔英敏，崔贤植. 旅游故事属性对旅游态度的影响研究——以济州岛汉拿山灵室探访路为中心 [J]. 韩国文化信息学会，2011，11（12）：442-454.

作用的结果，是旅游者通过旅游体验的评价而感知到的满足。①

在游客的旅游活动方面，金怡香认为，旅游满意度是指通过旅游活动满足各种需求的程度，是游客对所访问经历的综合性、整体性的肯定性评价。②也就是说，比起观光前拥有的期待，观光后获得了超出期待的满足或成就时的感觉。金孝中和金时中认为，旅游满意度是指通过旅游活动满足各种需求的程度，是游客对自身整体旅游体验的评价。③朴恩京将旅游满意度定义为对游客及旅游对象满足程度的主观评价，是对旅游后表现的旅游整体的积极反应。④金孝允将旅游满意度定义为城市提供的总体城市旅游产品最大限度地满足游客的需求，使其满足的一系列旅游活动。⑤刘春云将旅游满意度定义为游客旅游后对景区的整体满意和感受。⑥

笔者根据以上研究内容整理了旅游满意度的概念，如表 5-1 所示。

表 5-1　旅游满意度的概念

研究者	年份	概念
申基澈	2005	比较游客对旅游景点的期待和访问后，从成果方面进行判断考虑的投资费用和便利

① 尹泰政，沈宇燮，李在坤.移动旅游目的地旅游信息的可信度对旅游目的地满意度的影响[J].旅游经营研究，2018，82：25-46.

② 金怡香.研究访韩我国人的韩流态度、旅游目的地形象、满足的关系[J].会议研究，2007，7（1）：143-159.

③ 金孝中，金时中.鸡龙山国家公园游客的旅游动机对满意度和行动意图的影响[J].韩国经济地理学会，2012，15（2）：314-330.

④ 朴恩京.文化遗产观光的真实性对观光者满意度和忠诚度的影响：以河回村为对象[D].济州：济州大学，2013.

⑤ 金孝允.根据营销组合因素的城市旅游满意度和态度研究[D].光州：湖南大学，2015.

⑥ 刘春云.旅游故事、经验价值、品牌资产、依恋标志、满意度关系研究[D].全州：全州大学，2020.

研究者	年份	概念
金怡香	2007	通过旅游活动满足游客各种需求的程度，游客自身对访问经历的综合性、总体性的肯定评价
高在勇、付淑珍	2009	通过比较游客消费活动带来的期待与购买后体验而产生的感性反应
陈永在	2010	旅游目的地、旅游商品等各种属性的便利之和，旅游活动的选择和参与结果形成的感情和认知经验，以及对情况的愉悦程度，满意度是旅游行动后形成的感情和认知程度
崔英敏、崔贤植	2011	对旅游景点的满意度是游客对商品、服务的认知所形成的感性结果
金孝中、金时中	2012	意味着通过旅游活动满足各种需求的程度，对游客自身整体旅游经验的评价
朴恩京	2013	是对游客对旅游对象满意程度的主观评价，旅游经验后对整体旅游的肯定性反应
金孝允	2015	城市提供的城市总体旅游产品满足游客最大需求、满足游客需求的一系列旅游活动
刘春云	2020	游客体验旅游后对旅游景点的全面满足和感受
Westbrook 和 Oliver	1991	游客在消费体验时感受到的一系列情感反应，即选择特定购买后的评价性判断
Oliver	1997	不一致的期待和顾客对消费经验事先拥有的感情复合而成的综合心理状态

第二节　旅游满意度的组成部分

从旅游满意度的研究来看，满意度一直被认为是游客预测对某种商品或服务的正面或负面未来行为至关重要的先行变量。旅游满意是根据对旅游产品和旅游目的地的期待以及与实际经验的差异而产生的结果，在实际旅游经验中满意的游客又想去一次，结果可以吸引更多的游客，因此旅游满意度成为旅游产品和旅游目的地的评价标准。

朱贤植认为，在对会展的参展动机、举办持续性、满意及再参加意图之间影响关系的研究中，将满意分为认知层面的满足和情绪因素，进行了多维度的区分和测量。[①]全英珠将对会展的满意视为对会展的期待一致和参加动机的满足，分为追求知识、扩大关系、归属感、偏离性4个测量维度。[②]李正学、文凯诚和金贤德在自行车展示会游客满意度的测量研究中，将满意视为整体满意的单一维度，使用了活动满意、接近性满意、停车设施满意、内外行动路线满意4个测量维度。[③]

郑亨植、崔秀雅和金英心在关于地区庆典的期待成果、体验及情感对游客满意影响的研究中，[④]以李坤秀、李泰钟和宋建燮的研究为基础，将满意视为整体满意，使用了对庆典导向设施及服务的满意、活动内容的满意、对基本便利设施的满意、对整体庆典的满意4个测量维度。[⑤]尹设玟、吴善英和河珍英在对地区庆典游客感知价值、满意度、态度以及行动意图之间的影响关系分析中，使用了整体满意、决策满意、比期待满意、明智行动4个测量维度来测量满意度。[⑥]尹设玟在基于体验经济

① 朱贤植.会议参加动机、举办地属性、满足及再参加意图之间的影响关系[D].釜山：东亚大学研究生院，2001.

② 全英珠.会议服务评价和对协会的信任对会议满意的影响[J].MICE观光研究，2004，4（1）：51-67.

③ 李正学，文凯诚，金贤德.自行车展示会服务质量对参与价值认识及整体满意度的影响[J].体育科学研究，2009，20（2）：288-297.

④ 郑亨植，崔秀雅，金英心.地区庆典的期待性、体验及感情对访问者满意的影响[J].CRM研究，2009，2（1）：33-52.

⑤ 李坤秀，李泰钟，宋建燮.地区庆典满意度评价模型开发：以2003庆州世界文化博览会为中心[J].韩国地方自治学会，2005，2005（2）：321-346.

⑥ 尹设玟，吴善英，河珍英.地区庆典访客的感知价值、满意度、态度以及行动意图之间的影响关系分析[J].酒店旅游研究，2011，13（4）：82-97.

（4Es）和体验营销（SEMs）观点的庆典游客体验对满意度影响的研究中，使用了整体满意、决策满意、访问满意、正确决策4个测量维度来测量满意度。[①]龙锡洪在文化旅游节的体验经济理论（4Es）、沉浸、体验满足、行动意图的影响研究中，使用了庆典体验满足、决策满足、比预期好、整体满足4个正面的测量维度进行测量。[②]李锦浩在关于传统文化体验对旅游满意和重游意图影响的研究中，将满意视为评价游客获得的好处和牺牲性因素，分为认知层面和情感层面。[③]

宋学俊在对文化旅游景点选择属性、感知价值、满意之间结构性关系的研究中，使用了决策满意、时间满意、费用满意、整体满意4种与满意相关的测量维度进行测量。[④]梁奉锡在文化旅游地旅游体验与固有性、旅游满意的关系研究中，[⑤]以金桂燮和安允智的研究为基础，将满意视为旅游体验之后出现的一种态度，从态度的角度将其分为认知满意、情绪满意、效用满意3个维度，并分为纯旅游满意、消费旅游满意、整体满意。[⑥]郑厚妍在对景区形象和依恋对游客满意度和忠诚度影响的研究中，使用了正确的决策、有价值、旅游体验满意、整体满意4个测量维

① 尹设玟.根据体验经济（4Es）和体验营销（SEMs）观点，在庆典上游客体验对满意度的影响[J].酒店旅游研究，2015，17（4）：337-360.

② 龙锡洪.文化旅游节的体验经济理论（4Es）与行动意图的影响关系研究[D].安阳：安阳大学，2016.

③ 李锦浩.传统文化体验对旅游满足和回访意图的影响：以长兴传统文化为中心[D].唐津：世翰大学，2017.

④ 宋学俊.文化观光地选择属性、感知价值、满足之间的结构性关系研究[J].酒店经营学研究，2012，21（5）：219-236.

⑤ 梁奉锡.文化旅游胜地的旅游体验和固有性、旅游满足的关系研究[D].釜山：东亚大学，2007.

⑥ 金桂燮，安允智.文化旅游资源的吸引力属性、资源解释和旅游满意度之间的影响关系[J].旅游研究，2004，19（1）：247-272.

度来衡量满意度。[①] 吴善淑和尹英集在研究我国游客在韩国传统市场的体验质量对体验记忆、体验满意度及旅游行动意图的影响时，使用了关于访问决策满意、良好感受、整体满意、有访问价值 4 种测量维度测量满意度。[②]

根据以上学者的研究，笔者整理出旅游满意度的测量维度和构成因素，如表 5-2 所示。

表 5-2　旅游满意度的构成因素

研究者	年份	构成因素
朱贤植	2001	满足期待、满足欲望、举办地情绪
全英珠	2004	追求知识、扩大关系、归属感、偏离性
李坤秀、李泰钟、宋建燮	2005	对庆典的引导设施及服务满意、活动内容满意、基本便利设施满意、对庆典的整体满意
梁奉锡	2007	纯粹旅游满足、消费旅游满足、整体满足
尹设玟、吴善英、河珍英	2011	总体满意，决定满意，比预期更满意、更明智的行动
宋学俊	2012	决定满意、时间满意、费用满意、整体满意
尹设玟	2015	总体满意、决定满意、访问满意、正确的决定
龙锡洪	2016	庆典体验满足、决定满足、比预期更喜欢、整体满足、积极形象
郑厚妍	2018	正确的决定、有价值、旅游体验满意、总体满意
吴善淑、尹英集	2020	访问决定满意、感觉良好、整体满意、具有访问价值

① 郑厚妍.旅游景区形象和热爱对旅游者满意度和忠诚度的影响[D].首尔：京畿大学，2018.

② 吴善淑，尹英集.我国游客在韩国传统市场的体验质量对体验记忆体验满意度及旅游行动度的影响[J].酒店旅游研究，2020，22（1）：75-90.

第三节　旅游满意度的相关研究及趋势

金明熙和姜仁浩在以日本游客为对象，研究韩流对韩国旅游景点形象、游客满意和行动意图的影响研究中，将游客满意的构成要素分为住宿设施、翻译服务、饮食、便利的当地交通、居民的亲切度、购物的多样性、参加活动或演出、对韩国文化的体验8个方面，分析了满意度和行动意图之间的影响关系。分析结果显示，饮食和居民的亲切度对重访意图产生正（+）的显著影响，韩国文化体验对推荐意图产生正（+）的显著影响。①

金智熙和韩振秀以旅游动机的因素——Push-Pull因素为基础，考察游客访问博物馆的动机、投入度、满意度之间的关系，将旅游满意分为对自己决定的满意、对各种经验的满意、包括过去经验在内的最佳博物馆之一，利用以上3个问题来衡量对访问的喜悦项目的满意度。分析结果显示，Push-Pull因素对满意度产生正（+）的影响，并得出了推动因素中，生活质量和便利性对满意度影响较大的结果。②

张良礼在进行绿色旅游资源偏好的旅游体验满意度及绿色旅游产品开发支持度研究中，将旅游体验满意度作为满足休闲、娱乐冒险体验、满足多种学习或教育活动体验、满足自然生态体验项目体验、满足健康体验及增进体验、满足乡土饮食制作或品尝体验、满足历史文化遗址多

---

① 金明熙，姜仁浩.韩流对韩国旅游景点形象、游客满意度和行动意图的影响[J].旅游研究，2007，22（3）：359-380.
② 金智熙，韩振秀.博物馆访问游客的动机、投入、满意度之间的关系研究[J].旅游研究，2011，26（1）：73-94.

观体验等项目来测量满意度。旅游体验满意度对绿色旅游产品开发支持度存在影响关系，并产生积极影响。因此，旅游体验满意度越高，对绿色旅游产品开发支持度提高的积极贡献也就越高。①

金成赫、金勇日和吴在京以访问釜山地区的游客为对象，分析了海洋旅游访问动机对市场细分带来的海洋旅游活动差异和对旅游满意及旅游景点形象的影响。他们将旅游满意分为对海洋旅游活动选择的满意、对参与的海洋旅游活动的满意、海洋旅游有助于缓解压力、对釜山地区海洋旅游的满意4种，结果显示海洋旅游活动能增进旅游满意度。朴恩京在以河回村为研究对象的文化遗产旅游真实性对游客满意度和忠诚度的影响研究中，将旅游满意度作为单一因素进行测量。分析结果显示，整体满意度对认知忠诚度和情绪忠诚度有显著影响。②

金京来在以农村体验旅游为中心，农村生态资源对旅游景点选择和满意度影响的研究中，使用满意度和服务满意2种维度测量满意度。研究发现，农村体验满意属性中服务满意、费用满意对重访意图产生正（＋）的影响，农村体验满意属性中服务满意对重访意图产生正（＋）的影响。③在金钟成的乡村旅游满意度对农、特产购买影响的研究中，满意度分为整体满意度、重访、推荐3个维度，乡村旅游满意度对农、特产购买有显著影响。④

---

① 张良礼.根据绿色旅游资源偏好度，研究旅游体验满意度及绿色旅游商品开发支持度[J].首尔：庆熙大学，2010.

② 金成赫，金勇日，吴在京.海洋旅游访问动机市场细分带来的海洋旅游活动差异和对旅游满意度及旅游景点形象的影响研究[J].旅游研究，2012，27（1）：17-36.

③ 金京来.农村生态资源对旅游景区选择和满意度的影响：以乡村体验旅游为重点[D].江陵：关东大学，2009.

④ 金钟成.乡村旅游满意度对农特产品购买的影响研究[D].罗州：东新大学，2014.

第六章　旅游依恋度

第一节　旅游依恋度的概念

英国精神分析学家 Bowlby 在 1979 年创造了依恋理论并首次使用。[①]
依恋理论体现了以信任为基础，给个人带来稳定感觉和情感安慰的亲密
关系。依恋（Attachment）源自古法语中的"Attacher"，其词典意义被
解释为"牢固地固定""成为事物或人的一部分""在情感上融为一体"
等。依恋是对具有选择性的特性而极其有限的对象形成的，对形成依恋
的对象产生想要亲近、想在身边的欲望。自 20 世纪 70 年代华裔地理学
家段义孚重新将"地方"（Place）引入人文地理学研究以后，"地方"成
了当时人文主义地理学家和实证主义地理学家不同哲学取向的重要概念。

---

① Bowlby J. The bowlby-ainsworth attachment theory[J]. *Behavioral and Brain Sciences*，1979，*2*（4）：637-638.

关于依恋的研究始于 20 世纪 80 年代初期[①]，与其他领域相比，依恋理论在旅游学中是一个相对较新的研究主题，而在社会学、环境心理学、人文地理学等领域，它早已成为长期活跃的研究议题。[②]关于地方概念的研究兴趣已超过人文主义地理学的范畴。地方感、地方依恋、地方认同和地方依赖等核心概念相互关联，共同构成了地方理论的理论框架。

地方依恋最早来自环境心理学研究，用来描述人与地方之间的情感联系，随着各学科对相关理论的不断完善和实践，一般认为，地方依恋与人文地理学中的地方感在核心内涵上基本相同，区别在于地方感强调地方，相关研究多应用于人与地方关系的探讨；地方依恋则强调人对于地方积极的感情依附，侧重人的心理过程，相关研究多以实践进行定量分析。Williams 等人提出的"地方依恋"的概念由地方认同与地方依赖 2 个维度构成的地方依恋理论框架得到其他学者在相关理论方面的应用、拓展和实践。然而，尽管学术界围绕着地方依恋的概念、维度、影响因素、实践应用等方面进行了大量的研究。目前对地方依恋并没有形成统一的定义，常用的定义认为，地方依恋指人与特定地方之间建立起的情感联系，以表达人们倾向于留在这个地方并感到舒适和安全的心理状态。地方依恋感是人本主义的微观认知方法论中探讨人地关系的重要理论，着重研究人与空间（地点）的关系与联系程度。

在环境心理学领域，场所依恋度是指在环境和人类行为之间的因果关系层面上，对环境的认知和实体行为这两个方面进行整合，对个人或

---

① Schreyer R, Jacobs G R, White R G. Environmental meaning as a determinant of Spatial Behaviour in Recreation[C]// Frazier J, Epstein B. *Proceedings of the Applied Geography Conferences*. Kent, OH: Kent State University, 1981: 294-300.

② Mccool S F, Martin S R. Community attachment and attitudes toward tourism development[J]. *Journal of Travel Research*, 1994, *32*（3）: 29-34.

集体表现的环境的反应。在社会学领域，从人与人之间的关系和情谊的角度出发，将其定义为参与社区的程度和对社区的感情。[1]人文地理学领域认为，对特定场所有个人的热爱，这会让人对赋予人类生活意义的场所有归属感和目标。依恋始于人们对特定场所除了功能和物理上的必要性之外，还存在心理学和情感方面的认识。[2]

从旅游领域的研究来看，依恋的定义是对物理场所的亲近感。李智媛认为，地方依恋是游客在进行旅游活动时，在总体体验过程中产生的对场所、社区居民、社区个人感知的功能和情感热爱程度。[3]地方依恋可以定义为个人和特定社区之间与情感或感性关系相关的复合概念。截至目前，在旅游领域研究的依恋度大多可以说是旅游消费者的游客对旅游景点等特定场所产生的情感和依恋。也就是说，可以此测量和分析游客在选择旅游目的地时对特定场所或地区的喜爱程度。

Hummon 将场所依恋定义为个人对物理环境或社会环境的认知或情感连接，对场所的情感干预。[4]Feldman 将场所依恋定义为人与环境之间持续的情感态度或人与一定场所的亲密关系持续诱发行为。[5]韩智勋将依恋定义为对场所的延迟性、忠诚度、归属感、社区喜爱度等，是在选

① Kasarda J D, Janowitz M. Community attachment in mass society[J]. *American Sociological Review*，1974(39)：328-339.

② 金东根. 对短期居住场所依恋的研究 [J]. 韩国城市设计学会，2011，12（5），79-90.

③ 李智媛. 对旅游目的地品牌资产和场所的热爱对迟到的适合性及行动意图的影响 [D]. 春川：翰林大学，2017.

④ Hummon D M. Community attachment: Local sentiment and sense of place[M]// Altman I, Low S M. *Place Attachment*. Boston, MA: Springer US, 1992: 253-278.

⑤ Feldman R M. Settlement-identity: Psychological bonds with home places in a mobile society[J]. *Environment and Behavior*，1990，*22*（2）：183-229.

择和体验特定活动的过程中形成的对地区或场所的依恋。①诸相镐认为，地方依恋是团体或个人对特定场所感受到的情感纽带关系，将该场所和自己等同起来，形成强烈的心理依恋，进而形成地方依恋。②Bricker 和 Kerstetter 认为，地方依恋不仅仅是对特定场所的功能方面的概念，更是通过情感和行动意义来表达的复合概念。③Raymond、Brown 和 Weber 将地方依恋定义为场所和人类通过反复互动产生的功能纽带，为特定场所和个人之间的情感或情感纽带。④

申铉植和金昌洙认为，地方依恋包括举办地区庆典的庆典场所在内，庆典访客对举办地区具有的审美态度和行动倾向，是访客个人对场所具有认同感和依赖性的依恋。⑤尹贤熙和李镇浩视依恋为个人或团体对特殊场所产生的情感纽带关系。⑥张浩灿将依恋定义为特殊场所和人之间产生的情感关系。⑦朴得熙将依恋定义为游客在访问或经历特定旅游景点后形

---

① 韩智勋.休闲活动参与度和对场所的热爱、满意度、场所专利费的结构关系研究[D].首尔：庆熙大学，2011.

② 诸相镐.在农村体验村，整理心态对场所的热爱和体验质量、情绪连带的影响[D].首尔：京畿大学，2016.

③ Bricker K S, Kerstetter D L. Level of specialization and place attachment: An exploratory study of whitewater recreationists[J]. *Leisure Sciences*, 2000, *22*（4）：233-257.

④ Raymond C M, Brown G, Weber D. The measurement of place attachment: Personal, community, and environmental connections[J]. *Journal of Environmental Psychology*, 2010, *30*（4）：422-434.

⑤ 申铉植，金昌洙.地区庆典故事对访客对场所的热爱和行动意图的影响[J].旅游学研究，2011，35（5）：277-298.

⑥ 尹贤熙，李镇浩.乡村旅游村落的地壳价值对场所热爱和环保行动意图的影响[J].农渔村观光研究，2013，20（1）：53-71.

⑦ 张浩灿.旅游胜地的志愿服务活动经验对形成对场所的热爱和对作为游客重访意向的影响[J].旅游学研究，2010，34（3）：29-57.

成的情绪化、情感化的态度和喜爱度，①金东基认为表达一定场所和人之间的关系是场所依恋，是对场所表现出人的情感和行动倾向的互动。②

笔者基于上述学者的研究，总结出依恋度的概念，如表 6-1 所示。

表 6-1　依恋度的概念

研究者	年份	概念
金东基	2010	表示一定场所和人类之间关系的就是对场所的热爱，对场所表现出人类感情和行动倾向的相互作用
张浩灿	2010	特殊场所与人之间的情感联系
申铉植、金昌洙	2011	特定场所即举办地区庆典的庆典场所等，庆典访客对举办地区所具有的审美态度或行动倾向，访客个人对场所具有认同感和依赖性的热爱
韩智勋	2011	对场所的地缘性、忠诚度、归属感、地区社会喜爱度等，定义为选择和体验特定活动过程中形成的地区或场所的热爱
尹贤熙、李镇浩	2013	个人或团体对特殊场所的情感纽带
朴得熙	2015	游客访问或体验特定旅游景点后形成的情绪、感情态度及喜爱度
诸相镐	2016	团体或个人对特定场所的情感纽带关系，将场所和自己一视同仁，形成强烈的心理依恋
李智媛	2017	游客在进行旅游活动的总体经验过程中，个人对场所、地区居民、地区社会的功能、情感依恋程度
Stokols 和 Shumaker	1981	指人类和环境以及对此产生知觉的场所的依赖状态

---

① 朴得熙 . 通过网络分析研究旅游目的地的形象、场所依恋、行动意图之间的结构性关系 [D]. 首尔：庆熙大学，2015.

② 金东基 . 通过讲故事的场所性认识和与旅游经验构成要素的关系的研究 [D]. 首尔：世宗大学，2010.

续　表

研究者	年份	概念
Feldman	1990	人类与环境之间持续的情感态度或人类在一定场所的亲密关系而持续诱发行为
Altman 和 Low	1992	个人与特定社区之间情感或情感关系的综合概念
Hummon	1992	个人对物理环境或社会环境的认知或情感联系、对场所的情感干预
Bricker 和 Kerstetter	2000	对特定场所超越单纯的功能层面，通过感情和行动意义表现的综合概念
Raymond 等人	2010	场所和人类通过相互反复的相互作用而产生的机能纽带和特定场所和个人之间的感情或情感纽带感

第二节　旅游依恋度的组成部分

对于依恋度的定义，每位研究人员都存在一些看法上的差异，但它们共同包含了人类在任何特定场所及其场所的活动以及与之相关的心理过程和意义。[①] 为了测量和研究依恋，根据场所的特点或对象等因素的不同，测量方式和方法可以分为单一维度和多维度两类。

韩智勋在关于场所依恋的研究中，以访问济州偶来路的游客为对象，将场所依赖性和场所认同感作为场所依恋的测量维度[②]，柳成玉和吴治玉将依恋分为场所依赖性和场所认同感，进行了娱乐专业化和场所依恋的

---

① Relph E. *Place and Placelessness*[M]. London：Pion，1976.

② 韩智勋.休闲活动参与度和对场所的热爱、满意度、场所专利费的结构关系研究[D]. 首尔：庆熙大学，2011.

研究。① 金钟顺和元亨中在研究中，以男性登山参与者为对象研究了场所依恋，并将场所依恋分为场所依赖性和场所认同感。②

朴相奎在以保宁市地区居民为对象的研究中测定了依恋度，并将依恋度分为居住依恋、生活依恋、热爱3个测量维度。③ 姜信谦和崔承丹在研究中将场所依赖性、场所认同感和社会交情作为场所依恋的测量维度进行研究。④ 宋善英在关于赌场综合度假村的恢复性服务场景对地方依恋、地方忠诚度影响的研究中，将地方依赖性、地方认同感、情感依恋、社会依恋这4个因素进行区分，对场地方恋进行了研究。⑤

金载坤和宋京淑以庆典访客为研究对象，为了确认旅游动机对期待度、地区依恋及旅游满足的影响，将场所依恋设定为单一维度进行测量。⑥ 林秀媛、金敏珠和李赫基以大邱田径锦标赛的访客为研究对象，在参观的知觉价值、地区依恋、知觉有用性及行动意图的因果模型研究中，将地区依恋作为单一维度进行了研究。⑦

---

① 柳成玉，吴治玉.文娱专业化和场地依恋的关系[J].旅游研究论丛，2008，20（2）：3-22.

② 金钟顺，元亨中.对登山参与者的娱乐专业化、热爱场所和环保行动的探索性研究[J].韩国体育学会志，2016，53（5）：365-379.

③ 朴相奎.地区旅游品牌与地区热爱度及品牌支持度之间的关系[D].首尔：顺天乡大学，2011.

④ 姜信谦，崔承丹.开发景区居民对地区社会的热爱度测定尺度[J].旅游学研究，2002，26（1）：103-117.

⑤ 宋善英.赌场综合度假村的恢复性服务场景对场所热爱、场所忠诚度的影响[D].首尔：京畿大学，2021.

⑥ 金载坤，宋京淑.庆典活动中对传统乡土饮食体验观光的旅游动机对期待度、热爱地区及满足旅游的影响[J].韩国文化信息学会，2011，11（10）：434-448.

⑦ 林秀媛，金敏珠，李赫基.观看2011大邱世界田径锦标赛的迟到的价值、热爱地区、迟到的有用性、行动意图之间的假设因果模型[J].韩国社会体育学会，2012，48（1）：255-266.

笔者根据以上学者的研究，梳理出依恋度的测量维度和构成要素，如表 6-2 所示。

表6-2　依恋度的测量维度和构成要素

研究者	年份	构成因素
柳成玉、吴治玉	2008	场所依赖性、场所认同感
金载坤、宋京淑	2011	对场所的依恋
朴相奎	2011	居住依恋、生活依恋、亲友依恋
韩智勋	2011	场所依赖性、场所认同感
林秀媛、金敏珠、李赫基	2012	对场所的依恋
金钟顺、元亨中	2016	场所依赖性、场所认同感
宋善英	2021	场所依赖性、场所认同感、感情上的依恋、社会性依恋

第三节　旅游依恋度的相关研究及趋势

Yuksel、Yuksel 和 Bilim 经研究发现，场所依恋因素（场所认同感、场所依赖性、感性依恋）对忠诚度有积极影响，认为场所依恋对游客的满意和忠诚度具有重要意义。[①]

朴京美在研究中，以观看 2013 年顺天湾国际庭院博览会的游客为对

[①] Yuksel A, Yuksel F, Bilim Y. Destination attachment: Effects on customer satisfaction and cognitive, affective and conative loyalty[J]. *Tourism Management*, 2010, *31*（2）: 274-284.

象，分析了活动游客的经验价值对情感反应和场所依恋及举办地态度的影响关系，发现作为参观游客的经验价值，审美性、游戏性、有益性、服务优秀性因素对场所依恋有显著影响，结果显示场所依恋（场所认同感、场所依赖性）是对举办地态度产生积极影响的关系，如果形成对举办地的依恋，就可以形成对该地区的积极态度。①

河东贤和全景焕以访问庆州的外国人为对象，分析了旅游目的地依恋对忠诚度的影响关系，确认依恋对忠诚度有积极影响。②申铉植和金昌洙分析了地区庆典故事讲述和场所依恋及与行动意图的影响关系，通过确认场所依恋与行动意图之间的影响关系，验证了场所依恋影响行动意图的事实。③Prayag 和 Ryan 以访问毛里求斯岛的国际游客为对象，通过实证分析确认了旅游目的地形象、场所依恋、参与度、满意度之间的影响关系。结果表明，场所依恋对旅游满意度有积极影响，随着场所依恋的增加，旅游满意度会随之提高，进而提出场所依恋是影响满意度的重要先行变量。④类似的结果，朴得熙通过对旅游目的地形象、场所依恋、行动意图之间的结构关系的研究，验证了场所依恋对旅游满意度有积极影响。⑤

---

① 朴京美.活动访客的经验价值对感情反应和场所热爱及举办地态度的影响[D].首尔：京畿大学，2013.
② 河东贤，全景焕.旅游目的地品牌个性对旅游目的地热爱和忠诚度的影响[J].韩国摄影地理学会，2012，22（1）：13-26.
③ 申铉植，金昌洙.地区庆典故事对访客对场所的热爱和行动意图的影响[J].旅游学研究，2011，35（5）：277-298.
④ Prayag G, Ryan C. Antecedents of tourists' loyalty to Mauritius: The role and influence of destination image, place attachment, personal involvement, and satisfaction[J]. *Journal of Travel Research*, 2012, 51（3）: 342-356.
⑤ 朴得熙.通过网络分析研究旅游目的地的形象、场所依恋、行动意图之间的结构性关系[D].首尔：庆熙大学，2015.

金奎范对社区儿童中心服务范围、整体服务质量与场所依恋关系的研究中发现，整体服务质量对场所依恋产生积极直接的正向影响，服务范围的清洁性、安全性、接近性、舒适性通过整体服务质量间接地对场所依恋产生积极影响。①

---

① 金奎范.关于地区儿童中心服务场景对场所热爱的影响的研究 [D].首尔：汉阳大学，2017.

第七章　旅游行动意图

第一节　行动意图的概念

行动意图（Behavioral Intention）是预测和解释各种社会行为的重要决定因素。[①]虽然行动意图和行动的关系并不总是一致的，但也可以把行动意图作为一个衡量指标，而不是直接观察实际行动。因此，行动意图分为两种类型，一是作为经济行动意图的再购买意图、溢价意图、转换意图，二是作为社会行动意图的满意和不满意，这可能会通过口碑行为对潜在游客产生影响。[②]

崔东熙在研究中，把行动意图概念化为顾客忠诚度，分为再购买意图或求全意图，讨论了行动意图作为满足的结果变量的重访意图和积极

---

① Ajzen I, Fishbein M. *Understanding attitudes and predicting social behavior*[M]. NJ: Prentice-Hal,1980.

② Zeithaml V A, Berry L L, Parasuraman A. The behavioral consequences of service quality[J]. *Journal of Marketing*，1996，*60*（2）：31-46.

的推荐意图，整体上定义为对旅游的满意和重访意图和推荐意图等在旅游经历中延续的心理变量，基于游客的行动意图，即他们在访问旅游目的地并体验后的总体感受，将"重访意愿"和"推荐意愿"定义为游客是否愿意再次访问该目的地，或是否愿意向他人推荐该目的地。① 金秀贤在研究中，对行动意图表述为虽然与忠诚度混用，在概念上有很多相似之处，但行动意图是一个既包含积极一面又包含消极一面的概念，从这一点来看，与忠诚度有所不同。② 崔允英和李秀范在研究中，将行动意图定义为体验过旅游景点的游客有意重访该旅游景点或对他人进行积极口传的程度。③

在旅游领域，对行动意图的研究大多被用作包含重访意图和推荐意图的概念，游客的行动意图可以看作游客在经历旅游景点后对旅游景点的态度形成的特定的、未来行动可能出现的意志和信念，形成行动意图的重访意图、推荐意图两个概念。④ 金成权和李喜灿在研究中，将行动意图表述为与满足不同的概念，是游客在访问经历后感受到的积极行动和忠诚度的程度。⑤

从旅游领域与行动意图相关的研究来看，行动意图被认为是游客在

① 崔东熙.访韩我国游客的生活方式、旅游信息、行动意图之间的影响关系 [J].旅游学研究，2018，42（2）：11-28.

② 金秀贤.Select Dining 的店铺属性对顾客感情反应及行动意图的影响 [D].首尔：京畿大学，2020.

③ 崔允英，李秀范.葡萄酒旅游体验活动对迟到的价值、满意度及行动意图的影响 [J].旅游研究杂志，2018，32（1）：169-184.

④ 河光洙，韩凡秀.主题公园访问者的满意和访问后行动意图的决定因素 [J].旅游学研究，2001，25（1）：329-347.

⑤ 金成权，李喜灿.自驾野营场所选择属性对访客行动意图的影响 [J].旅游研究杂志，2016，30（9）：5-20.

购买、评价、获取和使用旅游商品时，在做决定的过程中出现的心理和
身体行为。行动意图是指根据自己的经验或知识采取任何行动的意图，
也可以说是重访的意图或推荐的意图。[①]金时中认为，行动意图是包含满
足、重访意图和对他人的推荐意愿的概念，也是行为和态度之间的参考
变量，可以说是消费者个人的主观信念和意志。[②]李恩美和姜仁浩认为，
在旅游行动中重访的意图或推荐的意图已经反映了满意的程度。[③]郑承
勋在关于海洋庆典的研究中，将行动意图定义为游客在体验某个庆典后
形成一定的态度，并试图通过特定的未来行动表现出来的个人意志和信
念。[④]崔永镇在研究中，将行动意图定义为个人基于在旅游产品的使用或
体验过程中产生的内在反应及经验，计划或修改未来行动的主观意志或
信念。[⑤]

笔者根据以上研究者的材料整理了行动意图概念，如表7-1所示。

表7-1 行动意图的概念

研究者	年份	概念
河光洙、韩凡秀	2001	经历旅游景点后，形成对旅游景点的态度，以特定的未来行动表现出的游客意志和信念

① Tavitiyaman P, Qu H. Destination image and behavior intention of travelers to Thailand: The moderating effect of perceived risk[J]. *Journal of Travel & Tourism Marketing*, 2013, *30*（3）: 169-185.

② 金时中. 温泉游客选择温泉观光地的属性重要性对行动意图的影响 [J]. 国土地理学会, 2011, 45（1）: 59-71.

③ 李恩美，姜仁浩. 旅游目的地形象和旅游动机对游客满意的影响 [J]. 旅游研究, 2007（24）: 47-63.

④ 郑承勋. 海洋庆典的环境线索对访客的积极感情、感知价值、整体满意度和行动意图的影响 [J]. 旅游研究杂志, 2015, 29（3）: 77-92.

⑤ 崔永镇. 世界文化遗产的环境线索对旅游满足和行动意图的影响 [D]. 首尔: 京畿大学, 2021.

续　表

研究者	年份	概念
金时中	2011	包括满意、重访意向、推荐意向的概念
郑承勋	2015	以特定的未来行动来表达的个人意志和信念
金成权、李喜灿	2016	与满足不同的概念，游客在体验访问后感受到的积极行动和忠诚度程度
崔允英、李秀范	2018	对于行动意图，体验过旅游景点的游客重访该旅游景点的意图或向他人积极口述的意图程度
金秀贤	2020	与忠诚度混用，在概念上有很多相似之处，但行动意图是包含积极和消极两个方面的概念，因此与忠诚度不同
崔永镇	2021	以旅游商品的使用或体验过程中产生的内在反应及经验为基础，计划或修改未来行动的个人的主观意志或信念
Ajzen 和 Fishbein	1980	预测和解释各种社会行为的重要决定因素
Tavitiyaman 和 Qu	2013	因为自己的经验或知识想要做出某种行动的意图，重访的意图或推荐意图

一、重访意图

Ajzen 和 Fishbein 认为，重访意图作为重访这一后续行为的决定因素，受态度的影响，倾向于对特定事物和对象一贯采取行动，从该角度定义了游客未来可能会反复使用服务提供者的意图。行动意图和实际行动密切相关，可以将重访意图代用于实际的重访行为或关系持续行为的实际行为。[①]着眼于经济学和营销学视角，从长远来看，这是持续创造企

---

① Ajzen I, Fishbein M. *Understanding attitudes and predicting social behavior*[M]. NJ: Prentice-Hal, 1980.

业利润和成果的因素，也是游客关系维护和营销中最核心的概念。高东宇认为，在整体游客满意的同时，重访的意图是旅游经历形成后的心理因素。[①] 重访的意图是根据旅游地的属性进行相关体验的依据，游客感受到重访该旅游地的欲望程度，根据与旅游地属性相关的体验进行推荐的意图是个人积极向他人进行口传的意向程度。

崔英善和崔英敏认为，如果访问旅游景点后游客评价满意，就会有重访的意向，但如果不满意，就几乎不会有重访的意向。所以说，重访的意图是游客访问景区后，觉得满意，进而产生的想要重访该地区的欲望和行为。在对重访进行实证研究中，实际上不可能测量旅游者是否一定会产生重访行为。[②] 因此，学术界将重访的意图作为衡量重访意愿的变量引入，实质上在实证研究中大量使用它来衡量游客的行为。朴石熙认为，如果引入重访这一行动，重访的意图是个人重访特定目的地的意志、信念或欲望，因此重访意图被认为是旅游领域的重要研究变量。[③]

二、推荐意图

推荐意图是指访问景区的游客想要告诉别人自身积极体验因素的行为或过程。没有去过旅游景点的游客比起广告或宣传品，更倾向于相信从他人直接获得的信息，并据此选择旅游景点或目的地，因此推荐意图属于行动意图中非常重要的测量因素。

高东宇认为，将推荐意图定义为向他人积极介绍旅游景点的意向程

---

① 高东宇.旅游的心理体验与满足感的关系[D].首尔：高丽大学，1998.

② 崔英善，崔英敏.应对21世纪航空市场变化的航空旅游服务[J].韩国航空经营学会，2005，2005（1）：251-265.

③ 朴石熙.旅游空间及行动礼仪化对重访意向的影响[J].旅游学研究，2010，34（3）：11-28.

度，并根据各种体验将旅游景点的各种属性量化为旅游体验者想向他人推荐的程度。[①]崔英善和崔英敏的研究结果显示，推荐意向无论是积极的还是消极的，随着游客访问景区后的形象和服务传达，以后的游客可能会增加或减少，同时最大限度地提高游客的满意度。因此，持续引导积极的推荐意图非常重要。[②]

尹秀智和金正喜认为，推荐意图是向他人劝导对自己经历中美好事物的感觉或想法的主观感情的心理行为。直接访问景区的游客推荐意图是对今后潜在游客的目的地选择产生相当大影响的重要因素。[③]

三、口传意图

Boulding 认为推荐意图是口传，在消费者行为相关的研究中进行了很多研究，消费者在积极的消费体验后，将消费商品告知他人的意图是推荐意图。[④]李佳熙指出，从整体角度来看，所谓口传的推荐意图，实际上是多个成员之间相互交流的结果。[⑤]口传意图是旅游领域根据旅游目的地的属性和体验，积极向他人宣传。推荐意图是消费者根据消费经验，想推荐给别人的程度。口传意图是消费者根据自己的经验，将其服务告

① 高东宇.旅游的心理体验与满足感的关系[D].首尔：高丽大学，1998.

② 崔英善，崔英敏.应对21世纪航空市场变化的航空旅游服务[J].韩国航空经营学会，2005，2005（1）：251-265.

③ 尹秀智，金正喜.旅游城市品牌资产对旅游满意度和推荐意图的影响[J].文化产业研究，2019，19（4）：7-17.

④ Boulding W, Kalra A, Staelin R, et al. A dynamic process model of service quality: From expectations to behavioral intentions[J]. *Journal of Marketing Research*, 1993, *30*（1）：7-27.

⑤ 李佳熙.餐饮外卖软件服务便利性对迟到的价值和接受、革新抵抗及行动意图的影响[D].首尔：庆熙大学，2018.

知他人。比起企业提供的有关无形服务商品的信息，朋友及熟人的推荐给人以更高的可信性，因此口传意图的影响力更大。推荐意向是消费者在消费体验后对他人正面的口碑意愿，而口传意图是消费者向周围人口述消费对象的意图。因此，很多情况下，口传意图与推荐意图之间的区分不是很明显，也出现混用的现象。本研究在行动意图的维度中，只选择了重访意图和推荐意图作为研究行动意图的中心和主要依据。

第二节　行动意图的组成部分

行动意图从多种角度进行研究和考察，分为直接和间接角度的行动意图、肯定（善意）和否定（非善意）角度的行动意图等。首先，李京赞认为，行动意图在很大程度上是经济和社会上的，可以区分，而经济行动意图是指重新购买、溢价、转换意图等财务标准，社会行动意图可以概念化为满意或不满意、口传行为及推荐等游客的表现行动。[1]Zeithaml、Berry 和 Parasuraman 认为，经济行动意图是影响企业财务方面的因素，是指消费者的重访意图、再次购买意图、更多的支付意图、转换意图等因素。[2]Nyer 认为，社会行动意图是指消费者表现出的不满意行为或语言反应、个人反应、第三者反应，[3] 如口传，用语言或

---

① 李京赞.肢体残疾人的个人价值和心埋影响力对旅游行动的影响[U].首尔：汉阳大学，2014.

② Zeithaml V A, Berry L L, Parasuraman A. The behavioral consequences of service quality[J]. *Journal of Marketing*, 1996, *60*（2）：31-46.

③ Nyer P U. Cathartic complaining as a means of reducing consumer dissatisfaction[J]. *Journal of Consumer Satisfaction*, *Dissatisfaction and Complaining Behavior*, 1999（12）：15-25.

行为来表达，对现有和潜在游客的反应产生影响的行为。

此外，Fridgen 将消费者的行动意图分为直接访问意图和间接访问意图，两种都是通过满意的消费体验发生的现象。[①] 朴美秀在研究中，也将行动意图定义为将自己未来的行动联系起来，以达到特定目的的一种实施计划，并分为直接行动意图和间接行动意图。[②] 直接的行动意图是指重访满意的场所或与之类似的场所或其他地区具有相同特性的场所，间接的行动意图是指向周围的家人或朋友其他人推荐等表现出口头意愿的程度。

Szymanski 和 Henard 在研究中使用了 3 种测量维度，即重访意愿、推荐意愿、口传意愿。[③] 卢荣满在研究中使用了 3 种测量维度，即重访意愿、好感、价值，将行动意图作为情感反应的结果变量。[④]

朴东镇和孙光英在对旅游目的地的忠诚度进行的研究中，使用了对亲戚或朋友的推荐意图以及对他人的推荐意图两个维度来测量行动意图。[⑤] 尹世木和卢龙浩在研究中将行动意图分为重访意向、劝导意向、推荐意向 3 种测量维度。[⑥]Hutchinson、Lai 和 Wang 认为，积极的行动意

① Fridgen J D. *Dimensions of Tourism*[M]. East Lansing,Michigan:Educational Instituteofthe AmericanHotel & MotelAssociation, 1990.

② 朴美秀 . 研究地区庆典和地区文化的一致性对庆典品牌文化和行动意图的影响 [D]. 首尔：京畿大学，2008.

③ Szymanski D M, Henard D H. Customer satisfaction: A meta-analysis of the empirical evidence[J]. *Journal of the Academy of Marketing Science*, 2001, *29*（1）：16-35.

④ 卢荣满 . 餐厅环境知觉对消费者态度形成的影响 [D]. 首尔：京畿大学，2003.

⑤ 朴东镇，孙光英 . 旅游动机形象期待、满足及忠诚度之间的结构性关系：以安东地区访问者为对象 [J]. 观光学研究，2004, 28（3）：65-83.

⑥ 尹世木，卢龙浩 . 关于产业展示博览会参观者的访问动机对满意度、重访意图、行动意图的影响的永久性 [J]. 旅游休闲研究，2005, 17（1）：43-61.

图是消费者愿意支付高价的行为，并将行动意图的构成因素分为重访意图、口传意图和替代性探索。①

郑锡顺和李俊烨在关于展厅体验对访客行动意图影响的研究中，将行动意图区分为积极口、和推荐意向和重访的3个测量维度。② 金洪吉在研究中，将行动意图分为推荐意向、重访意向和积极口传意图的3个测量维度。③ 尹英惠、金美成和尹宥植在关于展览的研究中，将行动意图分为重访意图和推荐意图。④

朴恩爱在旅游体验对愉悦度和满足、依恋度以及行动意图影响的研究中，将行动意图作为依恋度的结果变量，使用了重访意向、重访价值、推荐意向、积极宣传4个测量维度进行测量。⑤ 廉智媛在传统市场访客相关研究中，将行动意图的构成要素分为推荐意图、访问意图。⑥ 崔永镇将推荐意图、重访意图作为行动意图的构成要素，并对此进行了研究。⑦

在前文研究的基础上，笔者整理了行动意图的测量维度，如表7-2所示。

---

① Hutchinson J, Lai F, Wang Y. Understanding the relationships of quality, value, equity, satisfaction, and behavioral intentions among golf travelers[J]. *Tourism Management*, 2009, *30*（2）: 298-308.

② 郑锡顺，李俊烨.关于展示体验要素（4Es）、访问价值、行动意图的研究 [J]. 旅游研究杂志, 2011, 25（2）: 175-193.

③ 金洪吉.地区庆典评价属性和访客满意及行动意图之间的关系[J].农村地图与开发, 2012, 19（2）: 409-434.

④ 尹英惠，金美成，尹宥植.消费者展会体验因素（4Es）对参观者满意度和行动意愿的影响研究 [J].贸易展示研究, 2020, 15（2）: 21-41.

⑤ 朴恩爱.旅游体验对愉悦度、满足、依恋度和行动意图的影响 [D].釜山: 东明大学, 2018.

⑥ 廉智媛.根据是否贴有韩国观光之星认证标志，对传统市场访客的态度和行动意图的比较研究 [D].首尔: 世宗大学, 2019.

⑦ 崔永镇.世界文化遗产的环境线索对旅游满足和行动意图的影响 [D].首尔: 京畿大学, 2021.

表 7-2　行动意图的测量维度

研究者	年份	影响因素
卢荣满	2003	重访意思、好感、价值
朴东镇、孙光英	2004	重访意图、推荐意图
尹世木、卢龙浩	2005	持续参加、劝导意向、肯定的口碑
郑锡顺、李俊烨	2011	肯定的口碑、推荐意图、重访意图
金洪吉	2012	推荐意图、重访意图、肯定的推荐意图
朴恩爱	2018	重访意图、重访价值、推荐意图、肯定的宣传
廉智媛	2019	推荐意图、重访意图
尹英惠、金美成、尹宥植	2020	推荐意图、重访意图
崔永镇	2021	推荐意图、重访意图
Zeithaml 等人	1996	重访意图、再购买意图、更多支付意向、转换意图
Nyer	1999	不满的行为或语言反应、个人反应、第三者的反应
Szymanski 和 Henard	2001	推荐意图、重访意图、口传
Hutchinson 等人	2009	重访意图、口传意图、对策探究

第三节　行动意图的相关研究及趋势

旅游活动中，游客的行动意图可以看作游客在游览景区后对景区的态度形成，表现出来的未来行动意志和信念。从关于行动意图的先行研究来看，金英坤认为，旅游行动意图是指根据对该旅游景点重访的欲望的重访意图和旅游景点的各种体验，其个人对他人积极口传的意向程度的推荐意图。①Fridgen 以满意的消费者体验为前提，将顾客行为分为直接访问意图和间接访问意图。直接访问的意图是因为顾客满意而重访位于同一地区的店铺或位于其他地区的同一连锁店铺，间接访问的意图是指向周围的熟人积极推荐等表现出口碑意向的程度。②Moscardo 和 Pearce 在对顾客购买产品后的行为、满意地重新访问或重新使用同一对象的服务的人与不满意的人的心理体验的差异研究中，将行动意图归类为满意和重新访问以及购买决定后的行为。③Parasuraman 和 Grewal 在满意与访问动机的关系、满意与重访意图的关系研究中，对在访问目的地后访客的满意与重访意图之间的影响关系、访问动机与旅游满意之间的影响关系以及旅游满意与重访意图之间的影响关系等进行了验证。④

　　李承勋认为，对所访问景点感到满意的游客会增加重访或推荐的意图，还会向他人和熟人善意地介绍该景点，但不满意的游客不会重访和推荐，反而会负面地评价旅游景点，严重损害所访问景点的声誉。⑤Taylor 和 Baker 认为，游客的满意、感知服务的质量，以及满意和质量的互动决定了重访的意图，游客的满意、旅游目的地的正面形象和

---

① 　金英坤.跆拳道庆典访客的访问动机、旅游形象和满意度及行动意图的关系[D].首尔：庆熙大学，2009.

② 　Fridgen J D. *Dimensions of Tourism*[M]. East Lansing,Michigan:Educational Instituteofthe AmericanHotel & MotelAssociation, 1990.

③ 　Moscardo G M, Pearce P L.Historic theme parks: An Australian experience in authenticity[J].*Annals of Tourism Research*, 1986, *13*（3）: 467-479.

④ 　Parasuraman A, GrewaL D. The impact of technology on the quality-value-loyalty chain: A research agenda[J]. *Journal of the Academy of Marketing Science*, 2000, *28*（1）: 168-174.

⑤ 　李承勋.景区品牌同一时间对依恋标志、关系持续意图的影响[J].旅游研究杂志，2016, *30*（2）: 137-153.

前期经验对重访的意图产生积极影响。[①]Cronin、Brady 和 Hult 在关于服务质量、价值观和满意对行动意图影响的研究中发现，服务质量对行动意图有强大的影响。[②]实证分析了对访问地的满意度越高，重访意图和积极求全意图就越高的事实，证明了旅游目的地的形象和旅游动机对游客的满意和游客的重访意图有着积极的影响。重访意图在企业的经营中也成为一个重要的概念。李相柱、元哲植和郑妍国认为，游客的重访是游客很有可能再次购买服务产品或向其他游客推荐该服务产品的优秀性的行为。[③]

高东宇在研究中实证分析结果显示，游客的满意对推荐意图有正（+）的显著影响。因此，在旅游选择因素的重要程度上，重访意图和推荐意图是对行动意图产生密切影响的因素，也可以认为与游客满意有关。[④]Fridgen 在研究中揭示，满足于访问经验而重新访问相关旅游景点的直接访问意图和向熟人推荐满意旅游景点作为口传的间接访问之间的关系。[⑤]此外，Baker 和 Crompton 在研究中也证实了游客越满意，重访意图就越高的事实。[⑥]Hutchinson、Lai 和 Wang 以高尔夫游客为对象，

① Taylor S A, Baker T L. An assessment of the relationship between service quality and customer satisfaction in the formation of consumers' purchase intentions[J]. *Journal of Retailing*, 1994, 70（2）: 163-178.

② Cronin Jr J J, Brady M K, Hult G T M. Assessing the effects of quality, value, and customer satisfaction on consumer behavioral intentions in service environments[J]. *Journal of Retailing*, 2000, 76（2）: 193-218.

③ 李相柱，元哲植，郑妍国.餐饮服务企业关系营销因素对顾客满意、回访及经营成果的影响[J].旅游休闲研究，2018，30（8）: 293-309.

④ 高东宇.旅游的心理体验与满足感的关系[D].首尔：高丽大学，1998.

⑤ Fridgen J D. *Dimensions of Tourism*[M]. East Lansing,Michigan:Educational Institute of the American Hotel & Motel Association, 1990.

⑥ Baker D A, Crompton J L. Quality, satisfaction and behavioral intentions[J]. *Annals of Tourism Research*, 2000, 27（3）: 785-804.

得出了对旅游景点感到满意的游客会更加强烈地向其熟人推荐其参观过的旅游景点的结论。[①] 所以，没有去过旅游景点的潜在游客在选择旅游景点时，比起广告或宣传品，他们更倾向于相信从他人那里获得的信息或经验，这体现了推荐意图的重要性。

[①]　Hutchinson J, Lai F, Wang Y. Understanding the relationships of quality, value, equity, satisfaction, and behavioral intentions among golf travelers[J]. *Tourism Management*, 2009, *30*（2）: 298-308.

第八章　研究模型及假设

第一节　研究模型及变量定义

一、研究模型

本研究的目的是探讨我国智慧景区体验对愉悦度和满意度的影响关系，以及与依恋度和行动意图之间的影响关系。基于探讨智慧景区体验（娱乐型体验、教育型体验、逃避型体验、审美型体验）和愉悦度、满意度之间的影响，愉悦度和满意度对于依恋度的影响，依恋度对行动意图（重访意图、推荐意图）的影响等目的，利用可视化图示解释上述各因素之间的关系建立的研究模型，如图 8-1 所示。

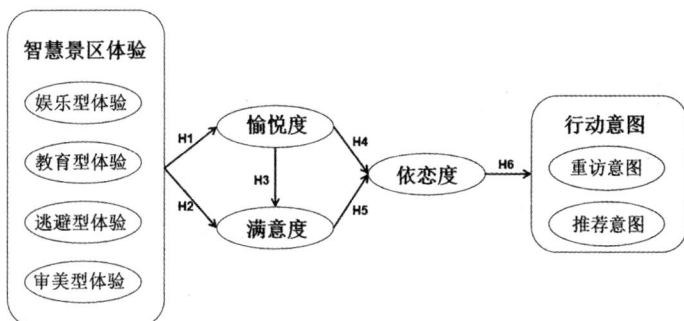

图 8-1 研究模型

二、变量的定义

为了对模型中的变量做更为清晰见区分和界定，笔者对理论研究进行了整理和归纳，同时，为了与具体实际情况相联系，笔者对研究模型中的各个变量（智慧景区体验、愉悦度、满意度、依恋度、行动意图）重新进行了概念性定义。为了达到研究目的，笔者对本研究中各变量的维度进行了测量和验证，并对变量进行了定义。变量的定义是基于本研究特定的方向对变量重新赋予意义。为了明确术语的概念，笔者对具体涉及的各变量及定义进行了总结，如表 8-1 所示。

表 8-1 变量及定义

变量		定义
智慧景区体验	娱乐型体验	通过智慧景区的体验，全身感受到的兴奋、刺激、愉悦度等
	教育型体验	通过智慧景区的体验，培养认知方面的知识等
	逃避型体验	通过智慧景区的体验可感受到脱离现实的新型沉浸感或偏离感
	审美型体验	刺激在智慧景区的体验中感受美丽的艺术或视觉体验
愉悦度		体验智慧景区时对刺激的情感反应即愉悦度、幸福感等

续　表

变量		定义
满意度		游客对智慧景区整体体验的整体形象评价或积极态度
依恋度		游客访问或体验智慧景区后产生的情绪、感情态度及喜爱度
行动意图	重访意图	游客参观或体验智慧景区后，想要再次参观该智慧景区的意愿
	推荐意图	游客参观或体验智慧景区后所拥有的积极推荐智慧景区的意愿

第二节　研究假设

一、智慧景区体验对愉悦度影响的假设

最近，游客体验因素与愉悦度之间的关系研究比较活跃。旅游体验的核心目标是通过各种体验因素，给参与旅游活动的游客带来美好的回忆，并由此找到乐趣。

申东柱在对活动中体验因素对体验乐趣、体验满足及行动意图的影响的研究中，得出了 Pine & Gilmore 研究中的 4 个体验因素（4Es）中娱乐体验和审美体验 2 个因素对愉悦度产生积极影响的结果。[①] 宋学俊、崔英俊和李忠基在以保宁泥浆节游客为对象的庆典体验和愉悦度、满足及忠诚度影响的研究中，发现了体验经济理论 4 个维度（4Es）中逃避型体验和审美型体验对愉悦度产生了正（＋）的显著性影响关系。[②]

[①]　申东柱.活动中的体验要素对体验愉悦度、体验满足及行动意图的影响：以 Pine & Gilmore 的体验理论为中心 [J].旅游学研究，2010，34（9）：251-270.

[②]　宋学俊，崔英俊，李忠基.根据 4Es 理论研究庆典访客的忠诚度[J].旅游研究，2011，25（6）：179-198.

张炯有在体育中心的游客研究中论证了体育中心的体验会使游客感到愉悦。[1]千德熙通过研究邮轮旅行的体验因素对邮轮旅行的情感反应愉悦度和认知反应的影响，得出娱乐型体验因素和逃避型体验对愉悦度有积极影响的结论。[2]

崔英基和赵贤以访问全州韩屋村的游客为对象进行研究，发现Pine & Gilmore 提出的体验经济理论的 4 个体验因素（4Es）都对愉悦度产生了显著影响。[3]李美惠经研究得出参加庆典的参加者除教育体验因素外，其他 3 个类型的体验因素都对愉悦度产生显著性影响的结论。[4]

姜东昊以外国游客为对象进行研究时，发现乡村旅游体验因素中的娱乐型体验因素和逃避型体验因素对愉悦度有显著影响。[5]朴恩爱在关于旅游体验对愉悦度、满足度、依恋度和行动意图的影响的研究中，使用Pine & Gilmore 体验经济理论中的 4 个体验因素（4Es）对愉悦度都存在着的显著影响关系。[6]

因此，本研究基于以上研究认为智慧景区体验会对愉悦度产生影响，并设定了以下假设：

---

[1] 张炯有.体育中心的服务质量对顾客满意的影响及顾客满意的媒介作用、参与度和愉悦度的调节作用 [J].服务经营学会，2012，13（1）：107-132.

[2] 千德熙.邮轮旅行体验因素对旅行者的感情反应和认知反应的影响 [J].旅游学研究，2013，37（9）：185-206.

[3] 崔英基，赵贤.SIT 体验因素对快乐和满足及行动意图的影响·以全州韩屋村访客为中心 [J].旅游研究，2014，29（3）：105-127.

[4] 李美惠.庆典体验对参加者的愉悦度、品牌热爱、喜爱度的影响 [J].旅游研究杂志，2016，30（5）：31-44.

[5] 姜东昊.乡村旅游体验因素对愉悦度和行动意图的影响 [J].旅游经营研究，2018，22（5）：47-67.

[6] 朴恩爱.旅游体验对愉悦度、满足、依恋度和行动意图的影响 [D].釜山：东明大学，2018.

H1：智慧景区体验会对愉悦度产生正（+）的影响。

H1-1：智慧景区的娱乐型体验会对愉悦度产生的正（+）的影响。

H1-2：智慧景区的教育型体验会对愉悦度产生的正（+）的影响。

H1-3：智慧景区的逃避型体验会对愉悦度产生的正（+）的影响。

H1-4：智慧景区的审美型体验会对愉悦度产生的正（+）的影响。

二、智慧景区体验对满意度影响的假设

梁奉锡将旅游体验分为教育型、娱乐型、审美型、逃避型等 4 个因素，将旅游满意分为旅游活动满意、整体满意 2 个因素进行研究。结果显示，在旅游体验 4 个因素中，娱乐型、审美型、逃避型对整体满意产生了影响，教育型、娱乐型、逃避型对旅游活动满意度产生了显著性影响。①

尹设玟在研究中得出了 4Es 的体验因素，审美型和逃避型对满意产生影响的结果，发现审美体验对体验满意度的影响最大。② 龙锡洪在研究中以参加忠州世界武术节体验项目的参观者为对象，得出文化旅游节的体验 4 个因素（娱乐型体验、教育型体验、逃避型体验、审美型体验）都对满意度产生正（+）的显著影响的结果。③

朴恩爱在关于旅游体验对愉悦度和满足、依恋度以及行动意图的影响的研究中证实，旅游体验因素娱乐型体验、教育型体验、逃避型体验、

---

① 梁奉锡 . 文化旅游胜地的旅游体验和固有性、旅游满足的关系研究 [D]. 釜山：东亚大学，2007.

② 尹设玟 . 根据体验经济（4Es）和体验营销（SEMs）观点，在庆典上游客体验对满意度的影响 [J]. 酒店旅游研究，2015，17（4）：337-360.

③ 龙锡洪 . 文化旅游节的体验经济理论（4Es）与行动意图的影响关系研究 [D]. 安阳：安阳大学，2016.

审美型体验都对满足度产生正（+）的显著影响。[①]安镇哲、金敏智和吴勋成对旅游专列的体验要素对满意度及再购买意图的影响研究结果显示，娱乐型体验、审美型体验、逃避型体验对满意度产生了正（+）的显著影响。[②]而王震云在以访韩我国游客为对象进行的关于智慧旅游体验（4Es）对满意度和重访意图影响的研究中发现，智慧旅游体验因素娱乐型体验、逃避型体验、审美型体验对智慧旅游满意度有显著影响。[③]

因此，本研究基于以上研究认为智慧景区的体验会对满意度产生影响，并设定了以下假设：

H2：智慧景区体验对满意度会产生正（+）的影响。

H2-1：智慧景区的娱乐型体验会对满意度产生正（+）的影响。

H2-2：智慧景区的教育型体验会对满意度产生正（+）的影响。

H2-3：智慧景区的逃避型体验会对满意度产生正（+）的影响。

H2-4：智慧景区的审美型体验会对满意度产生正（+）的影响。

三、愉悦度对满意度影响的假设

申东柱在对活动中的体验要素对体验愉悦度、体验满足度及行动意图的影响的研究中，得出了体验愉悦度对体验满足度产生正（+）影响的结果。[④]尹设玟和李泰熙在庆典节目和游客之间的相互作用性对愉悦度、

---

① 朴恩爱.旅游体验对愉悦度、满足、依恋度和行动意图的影响[D].釜山：东明大学，2018.

② 安镇哲，金敏智，吴勋成.旅游专列体验因素对满意度和回购行动意图的影响[J].旅游休闲研究，2019，31（12）：45-67.

③ 王震云.游客的智慧旅游体验（4Es）对满意度和重访意图的影响[J].韩国观光学会，2020，88：341-345.

④ 申东柱.活动中的体验要素对体验愉悦度、体验满足及行动意图的影响：以 Pine & Gilmore 的体验理论为中心[J].旅游学研究，2010，34（9）：251-270.

满意度和行动意图的影响的相关研究中，证实了庆典体验愉悦度对满意度产生正（＋）显著影响的结果。①

韩秀晶在博览会体验要素（4Es）与愉悦度、满意度、再参加之间的关系研究中，发现参展的愉悦度对满意度有显著性影响。②李宥阳和刘炳浩对关于庆典体验要素对愉悦度程度、满意度及行动意图的影响进行了研究，结果显示体验愉悦度对满意度有正（＋）的显著性影响。③

柳炳德和李正烈在对体验要素对访问者愉悦度和满意度的影响进行了研究，证实了体验愉悦度对满意度有正（＋）的显著影响。④千德熙在利用4Es理论的自驾野营体验对愉悦度和记忆及满意度的影响研究中表示，对自驾野营体验的愉悦度对满意度有正（＋）的显著影响。⑤尹设玟和张熙淑对访问古宫殿后游客的流动经验和满意度之间的影响关系进行了研究，证实了访问古宫殿的游客愉悦度对满意度产生正（＋）的影响。⑥

因此，本研究基于以上研究认为智慧景区体验的愉悦度会对满意度产生影响，并设定了以下假设：

H3：智慧景区体验的愉悦度会对满意度产生的正（＋）的影响。

---

① 尹设玟，李泰熙.庆典节目和游客之间的相互作用性对愉悦度、满意度和行动意图的影响的研究 [J].旅游研究杂志，2013，27（2）：25-42.

② 韩秀晶.博览会体验要素、愉悦度、满足、再参加意图之间的关系研究 [J].贸易展览研究，2015，10（2）：175-196.

③ 李宥阳，刘炳浩.庆典体验要素对愉悦度、满意度及行动意图的影响 [J].旅游休闲研究，2015，27（1）：271-290.

④ 柳炳德，李正烈.鱼村的体验要素对访问者的快乐和满意度的影响 [J].产业经济研究，2015，28（5）：2249-2276.

⑤ 千德熙.邮轮旅行体验因素对旅行者的感情反应和认知反应的影响[J].旅游学研究，2013，37（9）：185-206.

⑥ 尹设玟，张熙淑.验证访问古宫殿的游客的流动经验和满意度之间的影响关系 [J].酒店旅游研究，2019，21（3）：67-80.

四、愉悦度对依恋度影响的假设

Orth、Limon 和 Rose 在对卖场的记忆、个性以及消费者感情相关品牌的研究中得出，感情类型愉悦度是促进情绪依恋度的因素[①]，Tsai 在对通过投入和依恋度增进对国际品牌忠诚度的研究中指出，愉悦度是品牌提供的感情愉悦度和愉悦的经验，这种感情对依恋度产生影响。[②]河东贤在研究中进一步证明了博物馆游客体验的满意度是情绪依恋度的原因。[③]

裴万奎和全尚美在庆典内容的相互作用性对愉悦度、庆典依恋度、庆典满意度及行动意图的影响研究中，证实了庆典体验愉悦度对庆典依恋度产生正（＋）的显著影响。[④]李美惠通过对庆典体验研究，证实了参加者感知愉悦度就会形成依恋度。[⑤]孔兰兰、金东国和金亨吉对品牌经验和品牌依恋度关系进行了研究，得出体验的愉悦度对品牌依恋度产生正（＋）的显著影响的结果。[⑥]

李正元在对咖啡专卖店的品牌经验、愉悦度和满足、品牌依恋度之

[①] Orth U R, Limon Y, Rose G.Store-evoked affect, personalities, and consumer emotional attachments to brands[J]. *Journal of Business Research*，2010，*63*（11）：1202-1208.

[②] Tsai S.Fostering international brand loyalty through committed and attached relationships[J]. *International Business Review*，2011，*20*（5）：521-534.

[③] 河东贤.游客的体验对快乐、情感依恋及忠诚度的影响：以庆州国立博物馆为中心[J].酒店经营学研究，2012，21（5）：255-275.

[④] 裴万奎，全尚美.研究庆典内容的相互作用性对愉悦度、庆典依恋度、庆典满意度及行动意图的影响[J].旅游休闲研究，2020，32（12）：61-79.

[⑤] 李美惠.庆典体验对参加者的愉悦度、品牌依恋度、喜爱度的影响[J].旅游研究杂志，2016，30（5）：31-44.

[⑥] 孔兰兰，金东国，金亨吉.品牌体验与品牌依恋度的关系中愉悦度的媒介效果[J].消费文化研究，2015，18（2）：89-117.

间的关系的研究中得出，愉悦度是增加品牌依恋度的重要变量的结论。[①]
洪周永、金成洙和韩智秀在研究中得出，消费者对咖啡专卖店品牌充满
活力、愉悦度和有趣的特点对形成品牌的情感依恋度起着重要作用。[②]朴
恩爱在旅游体验对愉悦度和满足、依恋度以及对行动意图的影响的研究
中，验证了旅游体验愉悦度对依恋度产生正（＋）显著影响的结果。[③]

因此，本研究基于以上研究认为智慧景区体验的愉悦度会对依恋度
产生影响，并设定了以下假设：

H4：智慧景区体验的愉悦度会对依恋度产生正（＋）的影响。

五、满意度对依恋度影响的假设

Thomson、MacInnis 和 Whan Park 在对消费者对品牌情感依恋优点
的测定研究中表示，用户的满意度为情感依恋品牌提供了基础。[④]Tsai 在
对通过投入和依恋度增进国际品牌忠诚度的研究中得出了对关系的满意
度对品牌依恋度产生影响的结果。[⑤]Grisaffe 和 Nguyen 对情感依恋度的
先行因素进行了研究，得出满意度产生了价值、营销要素等差异化品牌

---

① 李正元.真实性领导能力对组织成员的杂技漂移、依恋度、顾客指向性的影响 [D].
首尔：世宗大学，2017.

② 洪周永，金成洙，韩智秀.品牌体验及个性对消费者－品牌关系、品牌依恋度、品
牌忠诚度的影响 [J].韩国烹饪学会，2016，22（5）：231-251.

③ 朴恩爱.旅游体验对愉悦度、满足、依恋度和行动意图的影响 [D].釜山：东明大学，
2018.

④ Thomson M, Macinnis D J, Whan Park C. The ties that bind: Measuring the
strength of consumers' emotional attachments to brands[J]. *Journal of Consumer
Psychology*, 2005, *15*（1）: 77-91.

⑤ Tsai S. Fostering international brand loyalty through committed and attached
relationships[J]. *International Business Review*, 2011, *20*（5）: 521-534.

依恋度的事实。①

孙日权和尹京九在研究中，为了掌握品牌经验特性和消费者反应变数之间的影响关系，得出品牌的满意度会影响品牌依恋度的结果，为了形成对品牌的依恋度，需要持续的满意度。② 林南均在市级游泳馆用户对服务质量感知、游客满意、返购行动、口碑意图、地域依恋度之间的关系研究中，验证了游泳馆的主要设施、配套设施、项目、指导老师因素等都会影响游客满意度，而这种满意度也会提高游客对地域的依恋度。③

李亨柱和徐智妍在对我国消费者的追求便利对韩国咖啡专卖店满意度和依恋度及忠诚度影响的研究中，得出了我国消费者对咖啡专卖店的满意度会影响依恋度的结果。④ 崔允贞在有关电视社交观看对观看满意度和情绪幸福感的影响的研究中，得出了观看满意度对网络依恋度产生影响的结果。⑤

梁朴洋在对我国冬季运动旅游节的服务质量与感知价值、参与满意度、城市形象及地域依恋度关系的研究中，发现了我国冬季运动旅游节日的参与满意度与地域依恋度之间的关系呈部分正相关关系，仔细观察发现，兴趣满足、社交满足、压力缓解对身份认同有正（＋）显著性影响，社交满足和兴趣满足对依恋度有正（＋）显著性影响，社交满足和压

---

① Grisaffe D B, Nguyen H P. Antecedents of emotional attachment to brands[J]. *Journal of Business Research*，2011，*64*（10）：1052-1059.

② 孙日权，尹京九.根据品牌经验类型，用户满意度对品牌热爱和再购头意图的影响[J].经营学研究，2014，43（5）：1595-1626.

③ 林南均.市立游泳池用户的服务质量感知、顾客满意、回购行动、口碑意图、地区依恋度之间的关系[J].体育科学，2011（23）：133-152.

④ 李亨柱，徐智妍.关于我国消费者追求咖啡产品的便利对韩国咖啡专卖店满意度和喜爱及忠诚度的影响的研究[J].韩国烹饪学会志，2016，22（5）：151-166.

⑤ 崔允贞.看电视对视听满意度和情感幸福感的影响[D].首尔：成均馆大学，2015.

力缓解对亲情有正（＋）显著性影响。① 李恩杰在对我国邯郸市太极拳体验动机和选择因素对体验满意度、喜爱程度及回访意愿影响的研究中发现，邯郸市太极拳体验满意度对依恋度有正（＋）显著影响。②

因此，本研究基于以上研究认为智慧景区体验的满意度会对依恋度产生影响，并设定了以下假设：

H5：智慧景区体验的满意度会对依恋度产生正（＋）的影响。

六、依恋度对行动意图影响的假设

Yuksel、Yuksel 和 Bilim 研究发现，对旅游景点的依恋度间接影响行动意愿的满意度和忠诚度。③ 李慧琳和李勋就丽水世博会的服务体验的满足影响对场所的依恋的影响关系进行了论证，证实了对场所的依恋度对未来旅游行动意图的口碑及推荐、回访等行动意愿有正（＋）显著影响。④

Prayag、Ryan、申铉植、金昌洙等人在研究中，提出了对场所的依恋度影响重访意图和推荐意图的研究结果 ⑤⑥；韩智勋在研究中发现场所

---

① 梁朴洋.我国冬季运动旅游节的服务质量与感知价值、参与满意度、城市形象及地区依恋度的关系 [D].全州：又石大学，2021.

② 李恩杰.我国邯郸市太极拳体验动机和选择因素对体验满足、依恋度及重访意图的影响 [D].全州：又石大学，2021.

③ Yuksel A, Yuksel F, Bilim Y. Destination attachment: Effects on customer satisfaction and cognitive, affective and conative loyalty[J]. *Tourism Management*, 2010, *31*（2）：274-284.

④ 李慧琳，李勋.满足地区基础型大型活动志愿服务经验和热爱场所及旅游行动的关系分析 [J].旅游休闲研究，2014，26（9）：253-272.

⑤ Prayag G, Ryan C. Antecedents of tourists' loyalty to Mauritius: The role and influence of destination image, place attachment, personal involvement, and satisfaction[J]. *Journal of Travel Research*，2012，*51*（3）：342-356.

⑥ 申铉植，金昌洙.地区庆典故事对访客对场所的热爱和行动意图的影响 [J].旅游学研究，2011，35（5）：277-298.

依恋度对满意度有积极影响[1]；全景焕在研究中验证了场所的依恋度对行动意图和忠诚度有显著性影响[2]；金载学在研究中确认了，访客对场所的依恋度越高，推荐意图及重访等行动意图就越高[3]。

权纯美研究了古宅体验项目属性对记忆力、场地依恋及行动意图的影响，证实了场地依恋度对行动意图推荐、回访等行动意图均有正（＋）显著性影响。[4]朴恩爱基于旅游体验对依恋度、行动意图的影响，验证了依恋度对行动意图有正（＋）的显著影响。[5]

因此，本研究认为依恋度会影响行动意图，因此设定了以下假设。

H6：依恋度会对行动意图产生正（＋）的影响。

H6-1：依恋度会对重访意图产生正（＋）的影响。

H6-2：依恋度会对推荐意图产生正（＋）的影响。

---

[1] 韩智勋.休闲活动参与度和对场所的热爱、满意度、场所专利费的结构关系研究[D].
首尔：庆熙大学，2011.

[2] 全景焕.旅游目的地品牌个性对旅游目的地依恋度和忠诚度的影响[J].韩国摄影地
理学会，2012，22（1）：13-26.

[3] 金载学.对庆典成果属性的满足、对场所的依恋度、行动意图的研究[J].旅游休闲
研究，2016，28（7）：95-312.

[4] 权纯美.古宅体验项目属性对记忆、场所依恋度及行动意图的影响[J].釜山：京城
大学，2021.

[5] 朴恩爱.旅游体验对愉悦度、满足、依恋度和行动意图的影响[D].釜山：东明大学，
2018.

第三节　调查设计及分析方法

一、调查问卷的设计

为了确认本研究中得出的测定项目的内容妥当性，首先，笔者就问卷内容咨询了 2 名旅游学专业专家学者，并进行了讨论；随后，以 3 名有游览智慧景区经历的旅游学专业在校生（在读博士生 1 名、在读硕士生 1 名、在读本科生 1 名）和 5 名无旅游学专业背景的普通人为对象进行了问卷测试。初步调查结束后，对内容模糊或尴尬的项目进行修改形成最终问卷，具体分类见表 8-2。智慧景区体验的构成概念：娱乐型体验、教育型体验、逃避型体验、审美型体验各 5 个问题，共 20 个题项。愉悦度有 5 个题项，满意度和依恋度有 6 个题项，行动意图的概念重访意图有 4 个题项，推荐意图有 3 个题项，最终完成了问卷设计。

表 8-2　调查问卷的构成

序号	测量内容	题项数
1	智慧景区访问形态特征（访问次数、智慧景区种类、信息获取方式、访问时间、访问费用等）	11
2	智慧景区的体验（娱乐型体验、教育型体验、逃避型体验、审美型体验）	20
3	愉悦度	5
4	满意度	6
5	依恋度	6

续　表

序号	测量内容	题项数
6	行动意图（重返意图、推荐意图）	7
7	一般特性	6

二、变量的测定项目及题项

本研究旨在通过综合分析各个变量间的关系，深化理解并提升研究成果。研究设计旨在通过系统性的比较与综合分析，全面揭示这些变量间的内在联系与互动效应。在此过程中，笔者研究借鉴并改编了先前研究中的测量工具，精心设计了问卷中的 44 个问题，以此来全面探讨智慧景区体验的多个维度。这些维度具体包括娱乐型、教育型、逃避型、审美型，以及整体的愉悦感、满意度、依恋度、行动意图。所有问题均采用 Likert 5 点量表的形式，确保了数据收集的标准化和可比性。问卷中各题项如表 8-3 所示。

表 8-3　变量和题项

变量		题项
智慧景区的体验	娱乐型体验	智慧景区的旅游体验很有看点并使我非常愉快
		智慧景区的旅游体验有给人们带来乐趣的因素
		智慧景区的旅游体验有娱乐型因素
		智慧景区的旅游体验中娱乐型因素很有魅力
		智慧景区的旅游体验感觉很开心
	教育型体验	智慧景区的旅游体验的新兴物能激发我的好奇心
		智慧景区的旅游体验具有创意性的要素
		智慧景区的旅游体验使我能学到很多东西
		智慧景区的旅游体验能丰富我的知识
		智慧景区的旅游体验相当有教育意义

续　表

变量		题项
智慧景区的体验	逃避型体验	参与智慧景区的旅游体验时，我会短暂地忘记日常生活
		参与智慧景区的旅游体验时，我会短暂地脱离现实
		参与智慧景区的旅游体验时，我会感觉时间过得真快
		参与智慧景区的旅游体验时的我和平时有所不同
		智慧景区的旅游体验有缓解压力的要素
	审美型体验	参与智慧景区的旅游体验时，我所感受的氛围很有魅力
		智慧景区的旅游体验的周边环境吸引了我的视线
		光是参与智慧景区的旅游体验，我的心情就很好了
		智慧景区的旅游体验项目的构成很协调
		智慧景区的旅游体验的周围环境别具特色
愉悦度		在智慧景区的旅游体验中，我的心情非常好
		在智慧景区的旅游体验中，我感觉身心愉悦
		在智慧景区的旅游体验中，我感觉充满活力
		在智慧景区的旅游体验中，我感觉很幸福
		在智慧景区的旅游体验中，我感觉很兴奋
满意度		我很满意智慧景区内的体验
		我感觉游览智慧景区这段时间是值得的
		我感觉游览智慧景区的花费是值得的
		我很满意游览智慧景区的这个决定
		我认为游览智慧景区这个决定是正确的
		我总体上是满意的
依恋度		作为智慧景区，这里的环境和设施比其他地方好
		比起别的地方，我更喜欢游览智慧景区
		通过智慧旅游体验，这里对我来说是很有意义的地方
		通过智慧旅游体验，这里对我来说是无可替代的地方
		我对智慧景区产生了浓厚的依恋
		智慧景区是我最享受的旅游活动的最佳场所

续　表

变量	题项
行动意图	智慧景区值得我重访
	我有重访智慧景区的意向
	我愿意为重访智慧景区付出努力
	即使重访智慧景区会花费更多费用，我也愿意
	我会积极地谈起智慧景区
	我会积极地向周围的人宣传智慧景区
	我会积极推荐周围的人游览智慧景区

三、调查问卷的发放、回收

为了验证基于先前研究得出的预设研究模型和假设，笔者通过设置可以测量每个变量的题项进行了问卷调查。本研究的研究对象为曾访问过我国智慧景区的游客，具体样本限定为近 5 年（2018—2023 年）曾访问过我国智慧景区的游客。

随着科技的快速发展，智慧景区的概念及其应用在过去几年里经历了显著的变化和升级。限定为 2018—2023 年的访客，可以确保收集到的数据反映的是当前或近期智慧景区的真实状况和技术应用效果，避免因技术进步导致的评价标准过时。人的回忆会随时间逐渐淡化，尤其是对于细节的回忆。限定在较近的时间范围内，可以提高受访者回忆其游览经历时的准确性和详尽程度，从而获得更可靠和有价值的数据。近年来，智慧景区普遍加强了数字化、智能化服务的部署，如移动支付、智能导览、VR 体验。将研究聚焦于近 5 年，有助于更准确地评估这些新技术对游客体验的影响和价值。旅游业本身也在不断变化，游客的需求、偏好及行为模式也在演进。选取这个时间段的访客作为样本，能够更好地反映出当前旅游市场的趋势和游客对智慧旅游接受度的变化。2018—2023年，我国政府及相关部门出台了一系列推动智慧旅游发展的政策和措施。调查这一时期的游客，有助于评估这些政策的实际效果和智慧旅游项目的实施成效。限定调查对象为2018—2023年曾访问过我国智慧景区的游客，旨在确保研究的时效性、准确性和实用性，以便为智慧景区的发展提供更为贴合当前实际、前瞻性强的建议和策略。问卷发放之前，强调问卷仅用于学术研究，匿名且不涉及其他用途。共回收问卷583份，最终筛选出有效问卷528份进行实证分析。问卷调查详情如表8-4所示。

表8-4　问卷调查的详情

项目		内容
调查期间		2023年4月11日—4月23日
调查对象		智慧景区游客
样本抽查法		随机抽样法
调查法		网络问卷
样本数	回收样本数	583份
	无效样本数	55份
	有效样本数	528份

四、分析方法

采用SPSS 26.0和Smart PLS程序对本研究中建立的假设进行实证分析，采用以下分析方法执行。

第一，为了掌握调查对象的人口统计特性及智慧景区游客一般特性的技术统计，利用SPSS程序进行频率分析，整理并总结样本特征。

第二，为了验证变量的妥当性和可靠性，实施了探索性因素分析，验证了量表可行性，利用 SPSS 程序对各变量的组合信度进行分析。为了验证前文提及的研究假设，进行了简单回归分析及多重回归分析等，进一步验证假设成立与否。

第三，为了进一步验证模型的拟合度，使用 Smart PLS 进行验证性因子分析和 PLS 路径分析，进一步验证各变量的中介效应。

第九章　景区与游客关系实证分析

第一节　样本统计

本研究共使用有效问卷 528 份，与游览智慧景区的游客的特点有较高的匹配性。

一、样本年龄统计

从年龄分布来看，被调查对象覆盖所有年龄段，其中 20 ～ 29 岁及 30 ～ 39 岁的中青年人群占大多数，约为 75.9%。样本很好地体现了游览智慧景区人群的特征，显示了被调查的访问智慧景区的游客有年轻化趋势，由于智慧景区所含有的智慧化元素较多，年轻人能够更好地适应景区的智慧化设备及理念，反映了年轻人偏爱智慧景区。表 9–1 显示了样本的年龄的统计情况。

表 9-1　样本年龄统计

年龄	样本数	占比
20 岁以下	40	7.6%
20～29 岁	246	46.6%
30～39 岁	155	29.3%
40～49 岁	66	12.5%
50 岁及以上	21	4.0%
合计	528	100%

二、样本性别统计

表 9-2 显示了样本的性别统计情况。

表 9-2　样本性别统计

性别	样本数	占比（%）
男	231	43.7%
女	297	56.3%
合计	528	100%

从样本的性别统计情况来看，女性占比高于男性，智慧景区通过提升安全水平、便捷性、个性化体验以及强化文化和教育内容，恰好迎合了许多女性游客的旅游偏好，从而导致女性游客的比例高于男性。一般而言，智慧景区游客中男女比例相差不大，总体来讲也符合智慧景区游客的人口性别分布规律。

三、样本婚姻状况统计

表9-3显示了样本的婚姻状况统计。

表9-3 样本婚姻状况统计

婚姻状况	样本数	占比
未婚	235	44.5%
已婚	274	51.9%
其他	19	3.6%
合计	528	100%

四、样本学历状况统计

表9-4显示了样本的学历状况。

表9-4 样本学历状况统计

学历状况	样本数	占比
高中毕业及以下	145	27.5%
大专毕业及在学	100	18.9%
本科在学及毕业	193	36.6%
研究生在学及以上	90	17.0%
合计	528	100%

在当今社会，智能设备和互联网的普及率高，不论学历高低，大多数人都具备基本的智能手机和平板电脑操作能力。智慧景区通过移动应用、在线服务等手段提供便利，降低了技术使用的门槛，使得各类学历背景的游客都能轻松享受智慧旅游服务，这反映了智慧旅游的发展趋势是包容性和普及性，旨在满足更广泛人群的旅游体验需求。

五、样本职业分布统计

表 9-5 显示了样本的职业分布情况。

表 9-5　样本的职业分布统计

职业	样本数	比例
行政岗	44	8.3%
服务岗	84	15.9%
公务员、教师	82	15.6%
学生	148	28%
个体经营者	66	12.5%
生产、技术岗	41	7.8%
家庭主妇	47	8.9%
其他	16	3.0%

学生群体（28%）：学生群体占比高，主要是因为智慧景区提供的科技互动体验和新鲜元素对年轻人尤其有吸引力。此外，学生通常有较长假期，对价格较为敏感，智慧景区的在线优惠、学生票等措施能有效吸引他们。服务岗与行政岗（15.9%＋8.3%）：这些职业群体可能更重视工作之余的休闲放松，智慧景区的便捷服务和智能化体验能够帮助他们高效规划短途旅行，减少等待和规划的时间成本，符合他们追求生活品质的需求。公务员、教师（15.6%）：这个群体相对稳定，有一定的经济基础和休假制度，更倾向于选择文化氛围浓厚、体验质量高的旅游目的地。智慧景区的文化展示和教育意义，以及对家庭友好的设施，会是吸引他们的因素。个体经营者（12.5%）：个体经营者时间安排较为灵活，可能

更偏好于非高峰时段出行，智慧景区的在线预约和人流管理功能有助于他们避开拥挤，享受更舒适的游览体验。生产、技术岗（7.8%）：这部分人群可能对新技术和智能化服务有较高的兴趣和接受度，智慧景区的高科技应用，如AR导览、智能推荐系统，对他们具有独特的吸引力。家庭主妇（8.9%）：家庭主妇参与旅游可能与家庭出游计划相关，智慧景区的安全、便捷以及对家庭游客的友好设计（如亲子活动、家庭套票）可能是吸引她们的关键。其他（3.0%）：这个类别包含各种未明确分类的职业，可能涉及自由职业者、退休人员等，他们选择智慧景区的原因各异，但总体上可能也是被智慧景区的特色服务、便利性或是特定的宣传推广所吸引。

综上所述，智慧景区凭借其科技化、个性化、便捷化的服务特点，满足了不同职业群体在休闲娱乐、文化探索、家庭出游等方面的需求，从而吸引了广大游客前往。

六、样本收入水平统计

表9-6反映了样本收入水平分布情况。

表9-6 样本收入水平统计

收入水平	样本数	比例
3 000元以下	141	26.7%
3 000～6 000元	229	43.4%
6 000～8 000元	73	13.8%
8 000～10 000元	40	7.6%
10 000元以上	45	8.5%

智慧景区游客收入分布较广，从低收入到高收入群体均有覆盖，这表明智慧景区在定价策略、服务内容和市场定位上的多元化成功吸引了不同经济水平的游客。具体分析如下：

3 000 元以下及 3 000 ～ 6 000 元的游客占比高达 70.1%，说明智慧景区在门票、餐饮、纪念品等消费上保持了相对亲民的价格，或者提供了丰富的优惠政策（如学生折扣、团体票、早鸟票），使得较低收入群体也能负担得起。此外，智慧景区通过高效管理和降低成本，可能使整体旅游开销更为合理。智慧景区内可能设置了不同档次的服务和体验项目，从免费的基础游览到付费的高端体验，满足了不同消费能力游客的需求。例如，免费的自然景观观赏、低成本的自助游与高端定制游并存，确保了不同收入水平的游客都能找到合适的消费点。智慧景区运用科技手段，如在线预订、电子导览，帮助游客规划行程，减少不必要的支出，对于预算有限的游客来说，这种节省成本的方式极具吸引力。无论是高收入还是低收入游客，他们对自然美景、历史文化的好奇和欣赏并无太大差异。智慧景区通过数字化方式增强这些体验，同时保持门票和其他服务的可承受性，使得更多人愿意前来参观。智慧景区可能通过社交媒体营销吸引了大量关注，其中包含大量中低收入群体。高质量的照片、视频分享和积极的用户评价，激发了不同收入水平游客的兴趣，促使他们计划访问。对于许多家庭而言，智慧景区不仅是休闲娱乐的地方，也是教育孩子、增进家庭关系的场所。因此，即便是收入相对较低的家庭，也可能将此作为一项有价值的投资。

综上所述，智慧景区通过合理的定价策略、多元化的服务选项、利用科技降低成本和增强体验以及有效的市场营销，成功吸引了不同收入水平的游客。

七、样本最近 5 年访问智慧景区频次统计

表 9-7 反映了样本 5 年内访问智慧景区的情况。

表 9-7　5 年内访问智慧景区频次

次数	样本数	比例
1 ～ 3 次	376	71.2%
4 ～ 6 次	109	20.7%
7 次及以上	43	8.1%

5 年内访问智慧景区的次数分布显示，大部分游客选择在这一时间段内重复访问 1 ～ 3 次，这一现象可能由以下因素促成。

智慧景区通过不断更新技术应用、增加互动体验项目或举办季节性主题活动，为游客提供持续的新鲜感。首次访问时的正面体验促使部分游客在接下来的几年内选择回访，以探索新增内容或重温喜爱的项目。智慧景区如果位于交通便利、靠近人口密集区的位置，更容易吸引周边居民多次造访，尤其是对于周末短途游或节假日休闲的需求。智慧景区可能实行会员制度，提供积分累积、优惠券、会员专属活动等激励措施，鼓励游客成为回头客。长期来看，这些优惠政策增加了游客的忠诚度，促使他们多次返回。对于有孩子的家庭或喜欢结伴旅行的群体，智慧景区因其完善的设施、丰富的活动和教育意义，成为游客反复选择的目的地。随着孩子的成长或社交圈的变化，家庭和朋友间的聚会可能多次选择在同一地点举办。虽然有部分游客愿意并有能力频繁远游，但对大多数人而言，经济预算和假期时间是限制因素。智慧景区作为相对经济、时间成本较低的选择，更适合定期重复访问。良好的游客体验和口碑会

促使游客向家人、朋友推荐，形成良性循环，吸引更多初次及回访游客。这种口口相传的效果，特别是在社交媒体时代，能显著影响游客的重游意愿。

综上所述，智慧景区通过不断创新、利用地理位置优势、忠诚度奖励、满足家庭与社交需求以及积极的口碑传播，成功鼓励了相当一部分游客在 5 年内多次回访。而少部分游客（7 次及以上）可能是极度爱好者或有特殊情感联结的常客。

八、样本最近 5 年访问过的智慧景区种类（多选题项）

表 9-8 反映了样本 5 年内访问过的智慧景区种类的统计情况。

表 9-8 样本 5 年内访问智慧景区类型统计

智慧景区类型	样本数	比例
自然生态类景区	308	58.3%
历史文化类景区	323	61.2%
社会文化类景区	187	35.4%
产业融合类景区	69	13.1%
娱乐型景区	260	49.2%

针对不同类型的智慧景区，游客 5 年内多次访问的比例存在差异，这一现象可能基于以下原因：

自然生态类景区：自然景观随季节变化而呈现不同风貌，如春花烂漫、秋叶斑斓，这种自然变化为游客提供了多样的视觉享受和摄影机会，吸引他们多次访问以体验四季之美。同时，自然生态类景区往往强调休闲放松，适合重复进行身心充电。

历史文化类景区：历史文化类景区因其深厚的文化底蕴和教育意义，往往成为学校教育和社会实践的首选地。随着个人知识水平的提升或陪同亲友的需求，游客可能会多次访问以深化理解，或探索未曾注意到的历史细节。此外，此类景区常举办各类文化节庆活动，吸引游客多次参与。

社会文化类景区：相比前两者，社会文化类景区可能因主题相对单一或缺乏显著变化，重复访问的吸引力较小。然而，对于特定爱好者或研究者，这类景区依然具有持续的探索价值。

产业融合类景区：产业融合类景区通常结合农业、工业、科技等特定产业与旅游体验，可能因产业本身的更新迭代速度较快，导致景区内容频繁变化。这一特性可能使得部分游客对是否回访持观望态度，除非有显著的新项目或活动吸引他们。

娱乐型景区：娱乐型景区以其游乐设施、表演活动和节日庆典为主要吸引点，虽然能提供即时的刺激和乐趣，但重复游玩的新鲜感可能随时间递减。然而，寻求休闲娱乐的家庭和年轻群体以及对特定游乐项目有偏好的游客，依然可能成为多次回访的客户。

综上所述，景区类型的不同特点和游客的个人兴趣、需求以及景区的持续创新能力，共同决定了游客重复访问的意愿。自然与历史文化的深度和广度以及娱乐项目的更新换代，都是促进游客多次游览的关键因素。

九、在样本访问的智慧景区的技术要素中选择您最满意的要素

表9-9反映了样本访问的智慧景区的技术要素中最满意的要素统计情况。

表9-9　样本访问的智慧景区的技术要素中最满意的要素

最满意的要素	样本数	比例
智慧宣传	66	12.5%
智慧票务	104	19.7%
实时定位	78	14.8%
智慧导游服务	152	28.8%
智慧型基础设施	83	15.7%
智慧型旅游商务	18	3.4%
其他	27	5.1%

　　游客对智慧景区技术要素满意度的分布，揭示了他们在旅游体验中最看重的部分。以下是对各要素满意度排名背后可能的原因的分析。

　　智慧宣传：智慧宣传可能通过精准推送、社交媒体互动、VR 预览等形式吸引游客。虽然满意度排名相对靠后，但仍有一定比例的游客认为，这些创新的宣传方式让他们在出行前有了更好的期待和规划。

　　智慧票务：便捷的在线购票、无接触入园、快速通道等智慧票务服务大大提升了游客的入园效率和体验，减少了传统购票排队的不便，在旅游高峰期，这一点尤为重要。游客对此类服务的满意度高，说明了高效、省时的票务流程对于提升整体满意度有显著影响。

　　实时定位：在大型或复杂的景区内，实时定位服务有助于游客避免迷路，快速找到兴趣点或服务设施，提高游览效率和安全感。对于首次访问或方向感不强的游客来说，这项服务尤为重要。

　　智慧导游服务：游客对智慧导游服务的高满意度，反映出游客在游览过程中对信息获取、个性化导览和互动体验的高度需求。智慧导游服务通常包括 AR/VR 导览、语音讲解、路线规划等功能。这些服务能够提供更加深入的文化解读和自主探索的便利性，增强了游客的参与感和学习体验。

智慧型基础设施：包括免费 Wi-Fi、智能休息区、充电站等在内的智慧型基础设施，为游客提供了便利和舒适，尤其是在需要即时通信、查询信息或设备充电时。这些基础设施的完善体现了景区的人性化设计，提升了游客的整体满意度。

智慧型旅游商务：这一领域的满意度较低，可能是因为游客对景区内的购物、餐饮等商业服务的智能化程度感知不明显，或者这些服务在便捷性、个性化推荐方面仍有待提升。

其他：可能包含环保措施、应急处理系统等未直接列出的智慧化元素，这些因素虽然占比不高，但对于某些游客来说可能同样重要。

综合来看，游客对于能够直接改善游览体验、提高效率、增加互动性的智慧技术要素的满意度较高，尤其是智慧导游服务，这提示景区管理者应继续加强这些方面的建设与优化，以提升游客的整体满意度和忠诚度。

十、样本游览智慧景区时的同伴

表 9-10 反映了样本游览智慧景区时的同伴情况统计。

表 9-10　样本游览智慧景区时的同伴

同伴	样本数	比例
家人	290	54.9%
朋友	131	24.8%
同事	48	9.1%

续　表

同伴	样本数	比例
旅行社团体	12	2.3%
无（自己）	47	8.9%

游客在游览智慧景区时选择同伴的情况，显示出不同的社会交往偏好和旅行目的，具体分析如下。

家人：家庭成员一起出游是最常见的选择，这反映出智慧景区在设计时考虑到了家庭游客的需求，提供了适合不同年龄段的活动和服务，如亲子互动项目、家庭友好型设施。家庭出游有利于增进家庭成员间的情感联系，同时也是教育孩子、共享天伦之乐的良好机会。

朋友：与朋友一同游览智慧景区，强调的是社交乐趣和共同体验新奇事物的乐趣。智慧景区的互动性和趣味性项目，如 AR 游戏、团队挑战，非常适合朋友间的互动，增强了旅行的趣味性和团队协作感。

同事：职场团队出游或社交活动选择智慧景区，可能是因为这些景区提供了良好的团队建设环境和设施，能够促进同事间的沟通与合作，同时也是工作之余放松和增进同事关系的好机会。

旅行社团体：这一比例较低，可能是因为智慧景区的信息化、自助化服务较强，游客更倾向于自行规划行程，减少中间环节。同时，智慧景区的信息透明度高，游客可以直接获取所需信息，减少了对旅行社的依赖。

无（自己）：选择独自游览的游客可能更看重个人的自由度和独立探索的乐趣。智慧景区通过提供详尽的在线信息、导航服务和安全措施，为独行游客创造了便利和安全的环境，使得单独旅行变得容易且富有吸引力。

综上所述，游客在选择同伴游览智慧景区时，主要考虑的是人际关系的亲密性、旅行的社交属性、个人的自由度以及景区能否满足不同群体的特定需求。智慧景区通过提供多样化、个性化、便捷化的服务，成功吸引了不同组合的游客群体。

十一、样本了解智慧景区的主要途径

表 9-11 反映了样本了解智慧景区的主要途径的统计情况。

表 9-11　样本了解智慧景区的主要途径

主要途径	样本数	比例
旅行社	79	15.0%
朋友/亲戚	140	26.5%
电视/广播	57	10.8%
报纸	21	4.0%
互联网	320	60.6%
智能机器	266	50.4%
其他	24	4.5%

游客通过多种途径了解智慧景区的信息，这一现象反映了现代信息传播的多元化和游客获取信息的习惯。以下是针对不同渠道的可能原因分析。

互联网：互联网成为游客获取信息的最主要渠道，这反映了数字化时代的特点。网站、社交媒体、旅游论坛、博客、在线旅游平台等提供了丰富、即时、互动性强的信息，游客可以方便地查看景区介绍、评价、攻略、票价等信息，还可以直接预订。

　　智能机器：这里的智能机器可能指的是智能语音助手、聊天机器人、智能终端等，它们能够提供即时问答服务，方便快捷。随着 AI 技术的发展，越来越多的游客习惯通过语音或文字交互获取信息，特别是年轻一代。

　　朋友 / 亲戚：口碑传播一直是旅游业中重要的一环，亲朋好友的推荐往往更具信任度，尤其是对于首次尝试智慧景区的游客来说，他们更倾向于听取熟人的意见和体验分享。

　　电视 / 广播：尽管电视和广播作为传统媒体，其影响力有所下降，但在特定群体中（如不经常使用互联网的中老年游客）仍占有一定地位，特别是在宣传地方特色、大型活动时。

　　报纸：报纸作为传统的信息来源，其读者群可能偏向于偏好纸质阅读的中老年群体。尽管比例不高，但在特定区域或特定受众中仍有一定的影响力。

　　旅行社：尽管互联网直接预订日益普遍，但旅行社依然在旅游咨询和打包服务方面发挥作用，特别是对于那些寻求一站式服务、复杂行程规划的游客。

　　其他：这一部分可能包括户外广告、旅游展览、宣传册、直接从景区获得的材料等，虽然比例不高，但在特定情境下也能有效触达潜在游客。

　　综合来看，游客了解智慧景区的信息渠道多样化，既体现了数字时代信息获取方式的变革，也保留了传统信息传播路径的作用。智慧景区需综合运用多种媒介和平台，以覆盖更广泛的受众群体，提升知名度和吸引力。

十二、样本每次出游时间

表 9-12 反映了样本每次出游时间的统计情况。

表 9-12　样本每次出游时间

出游时间	样本数	比例
1～2 天	101	19.1%
3～4 天	278	52.7%
5～6 天	84	15.9%
7 天及以上	65	12.3%

　　游客每次出游时间的分布情况，特别是集中在 3～4 天的高比例，可以基于以下因素进行分析：

　　大多数国家和地区的公共假期安排，如周末加上调休或小长假，通常形成 3～4 天的连续休息期。这种假期结构促使游客倾向于规划中短期的旅行，以便充分利用假期时间。较短的旅行时间（如 1～2 天）可能不足以深入体验一个目的地，而 7 天以上的长途旅行则可能面临较高的经济成本（如交通、住宿）和时间成本（如请假难度）。3～4 天的行程在经济承受能力和时间安排上对多数游客来说是一个平衡点。旅行社和在线旅游平台往往推出以 3～4 天为主的旅游套餐，这些套餐内容丰富、行程紧凑，涵盖了主要景点和体验活动，满足了游客想要高效利用时间的需求。现代社会快节奏的生活和工作压力使得人们难以长时间脱离日常职责，3～4 天的短途旅行成为缓解压力、恢复精力的有效方式，同时不会对工作造成太大影响。对于有家庭责任的游客，如需照顾子女或老人，长时间离家可能不太现实。3～4 天的旅行长度既可满足家庭出游的愿望，又不至于给家庭生活带来过多不便。部分游客可能偏好深度而非广度的旅行体验，他们倾向于在一个地方停留更长时间，深入了解当地文化与风土人情；而另一些游客则更喜欢快速浏览多个地点，后者可能更倾向于选择较短的旅行时长。

3～4天的行程在适应性和灵活性上较高，游客可以根据个人情况随时调整行程，应对突发状况，而长时间的旅行计划一旦遇到问题，调整起来可能更为复杂。

综上所述，游客选择3～4天作为主要出游时间，既符合现代生活的实际需要，也与旅游市场的供给结构和人们的旅游偏好相匹配。

十三、样本在智慧景区的游览时间

表9-13反映了样本在智慧景区游览时间的统计情况。

表9-13　样本在智慧景区游览时间

游览时间	样本数	比例
1～3小时	315	59.7%
4～6小时	177	33.5%
7～9小时	19	3.6%
10小时及以上	17	3.2%

游客在智慧景区的游览时间分布情况，尤其是大部分游客选择1～3小时的短时游览，可能基于以下原因：

智慧景区可能设计有紧凑的游览线路和丰富的体验活动，使得游客能够在较短时间内完成主要景点的参观和体验，满足了现代游客追求高效、精华游览的需求。很多游客可能将智慧景区作为更大行程中的一个环节，因此在时间分配上会有所限制。1～3小时的游览时间便于游客将其作为一日游或多日游中的一站，与其他景点或活动结合。部分游客可能更倾向于轻松、自由的游览方式，不愿意长时间连续步行或参与高强度活动。较短的游览时间既能享受景区的乐趣，又能保持体力和兴趣。智慧景区通过智能化导览系统（如AR导览、电子地图）帮助游客高效规划行程，快速锁定兴趣点，减少了盲目寻找和等待的时间，使得游览更加紧凑高效。家庭游客尤其是有小孩或老人同行时，可能更倾向于控制单个景点的游览时间，以免疲劳过度。短时游览更易于管理，保证全家人能享受旅行的乐趣。一些景区可能按时间或项目收费，长时间逗留意味着更高的成本。部分游客可能基于经济考虑选择较短的游览时间。特定的节庆活动或季节性变化可能吸引游客前来，但活动本身或天气条件（如夏季高温）可能限制了游客在户外长时间停留的意愿。

而对于选择4～6小时、7～9小时以及10小时及以上的游客，他们可能对景区有更深层次的探索兴趣，或是专程前来深度体验，愿意花费更多时间在特定景点、参加互动活动或享受自然风光。这些游客群体可能更加注重旅行的质量而非数量，愿意在某一地点投入更多时间。

十四、出游期间的人均费用

表9-14反映了样本出游期间的人均费用统计情况。

表9-14　出游期间的人均费用

人均费用	样本数	比例
1 000元以下	111	21.0%
1 000～2 000元	190	36.0%
2 000～3 000元	125	23.7%

续　表

人均费用	样本数	比例
3 000 元及以上	102	19.3%

　　游客出游期间的人均费用分布情况，显示出不同游客群体在旅游消费上的差异，这可能受到以下因素的影响：

　　游客的个人或家庭经济状况是决定旅游预算的首要因素。收入水平较低或预算意识较强的游客可能倾向于选择 1 000 元以下或 1 000 ～ 2 000 元的消费范围，以确保旅行开支在可承受范围内。背包客、学生或年轻职场人士可能更倾向于经济型旅行，选择青旅、公共交通等成本较低的出行方式，因此人均费用较低。而家庭旅游、商务旅行或追求舒适度的游客，则可能选择中高端酒店、租车自驾等，导致人均费用上升至 2 000 ～ 3 000 元，甚至更高。出游时间的长短直接影响总花费。短途旅行（如 1 ～ 2 天）更容易控制在较低的预算内，而长假或深度游的游客由于需要支付更多的住宿、餐饮和交通费用，人均消费自然更高。不同地区的消费水平差异显著，国内外热门旅游城市、度假胜地的物价通常较高，而一些小众或偏远地区则消费水平较低。因此，选择不同目的地会直接影响旅游成本。参与的活动类型和项目也是影响消费的关键。例如，喜欢自然徒步、免费开放的公园和博物馆的游客，花费相对较低；而偏好高端体验如 SPA、精品酒店、特色餐饮或特定娱乐活动的游客，人均费用会显著增加。精打细算的游客会利用各种促销、早鸟票、团购优惠等方式降低旅游成本，因此即使是在较高消费区间，也可能通过合理规划实现成本控制。旺季与淡季的消费差异显著。旺季时，机票、酒店价格普遍上涨，而选择在淡季出行的游客往往能享受到更低的价格，因此人均费用分布也与此有关。

综上所述，游客出游期间的人均费用分布受经济条件、旅行方式、旅行天数、目的地选择、活动偏好、特价优惠利用以及旅游季节等因素的影响，形成了多样化的消费格局。

十五、样本在智慧景区期间人均费用

表9-15反映了样本在智慧景区期间人均费用的统计情况。

表9-15　样本在智慧景区期间人均费用

人均费用	样本数	比例
200元以下	160	30.3%
200～400元	239	45.3%
400～600元	101	19.1%
600元及以上	28	5.3%

游客在智慧景区期间的人均费用分布，显示出不同游客的消费行为和景区服务定价策略的多样性，具体原因可能包括：

智慧景区可能通过灵活的门票政策来吸引不同消费能力的游客，如设置学生票、早鸟票、家庭套票等优惠，使得部分游客能以较低的成本进入景区，这解释了为何有30.3%的游客在200元以下的消费区间。游客在景区内的消费不仅限于门票，还包括餐饮、纪念品购买、体验项目等。45.3%的游客在200～400元区间的消费可能代表了大多数游客的基本消费模式，即除了门票外，还会适度参与一两项额外服务或购买纪念品。智慧景区通过高效的运营管理和数字化服务，可能降低了运营成本，从而使游客在享受智能化服务的同时，感受到较高的性价比，促使中等消费水平的游客群体占比较大。对于愿意在景区内花费400～600

元及以上的游客，他们可能对个性化体验、高端服务有更高需求，如
VIP 导览、特色餐饮、定制活动，这些服务虽然成本较高，但能提供更
加独特和深刻的旅游体验。游客在景区的停留时间和访问的季节也会影
响人均消费。短暂停留的游客可能只会进行基础游览，而长时间逗留的
游客更有可能参与多项活动，导致消费增加。此外，旺季时各项服务价
格上涨，也可能推高人均消费。不同游客的旅游习惯和预算管理能力也
会影响消费水平。一些游客可能习惯于精打细算，严格控制非必要开支，
而另一些游客则更注重旅行体验，愿意为此投入更多。智慧景区提供的
透明化价格信息和在线预订服务，帮助游客提前规划消费，可能促使部
分游客在出行前就做出更经济的选择，从而控制了总体开销。

　　综上所述，游客在智慧景区的人均费用分布体现了旅游市场的多元
化需求，以及智慧景区在满足不同游客群体需求方面的努力，同时也反
映出游客在消费决策上的理性与个性化取向。

第二节　探索性因子分析及回归分析

　　KMO（Kaiser-Meyer-Olkin）表示的是样本拟合程度的统计量，范
围从 0 到 1，越接近 1 越理想，当其值大于 0.5 时，可以认为所采集的样
本适合进行因子分析。Bartlett 的球形性检验是对变量间相关矩阵是否为
单位矩阵的检验，旨在考察变量间是否存在相关性，是否相互独立，球
形性检验结果显示，当 p 值小于 0.05 时，变量间相互独立。公因子方差
是指各变量对整体概念的解释程度，应该在 0.4 或 0.5 以上，本书将公因
子方差设定为 0.4 进行分析。特征值（Eigen Value）是指通过确定因子
数进行因子提取的方式，能够说明因子的方差程度，因特征值必须大于

1，故以大于 1 为基础。因子载荷（Factor Loadings）表示各变量与因子之间的相关性程度，其标准为因子载荷值不低于 0.4，不低于 0.5 为重要变量，本研究以不低于 0.5 为标准。累积方差（Variance Explained）是表示一个因素说明的分散比率的概念，分散比率越高越好，一般来说，累积方差超过 60% 就可以认为良好。

效度（Validity）是指准确测定了想要测量的构成概念或属性的概念，本研究为了验证因素项目中使用的样本是否合适，通过 KMO 和 Bartlett 的球形性检验，使用了 Varimax 方式进行主成分分析，在旋转时维持因素之间的相互独立性，实施了便于因素分析的 Varimax 旋转。信度（Reliability）是指反复多次测定同一概念也能得出相同结果，本研究为了验证可信度，使用了最常用的克伦巴赫阿尔法系数（Cronbach's Alpha）。克伦巴赫阿尔法系数表示被测项目的内在一致性为一个数值，一般在 0.6 以上即可认为可信，在 0.7 以上即可判断可信度高。[1][2] 在本书中，以 0.7 以上为标准测量了项目的数值。

一、探索性因子分析

在假设验证之前，本研究通过探索性因子分析验证我国智慧景区的体验、愉悦度、满意度、依恋度和行动意图的信效度，以辅助了解各因素的结构。同时，为了验证各个维度的组合效度，利用克伦巴赫阿尔法系数（Cronbach's Alpha）进行验证。

---

[1]　李忠基.观光调查统计分析 [M].首尔：大旺社，2019：129-142.

[2]　卢京燮.正确理解并使用的论文统计分析 [M].首尔：韩光学院，2020：138-186.

（一）智慧景区体验的探索性因子分析

本书对智慧景区体验的量表中的数据进行了探索性因子分析，采用主成分分析以及最大方差法旋转对智慧景区体验的 20 个题项进行因子分析，删除 3 个题项后最终得出的智慧景区体验的量表的相关研究样本适合做因子分析。具体数据 KMO（Kaiser-Meyer-Olkin）度量系数和 Bartlett 的球形度检验结果如表 9-16 所示。KMO 值为 0.889；近似卡方为 3949.211，自由度为 136，显著性为 0.000。

表 9-16　智慧景区体验量表 KMO 和巴特利特检验

KMO 度量		0.889
巴特利特球形度检验	近似卡方	3949.211
	自由度	136
	显著性	0.000

根据以上的研究结果，本书采用主成分分析以及最大方差法旋转对智慧景区体验的 17 个题项进行因子分析。在选取因子数目时，本书采用的标准是 Kaiser 法，该标准选取特征值 ≥ 1.0 的作为成分数。如表 9-17 所示，特征值大于 1 的因子一共有 4 个，这 4 个因子的累积方差百分比为 67.312%。累积方差百分比超过 60% 以上说明良好。

表 9-17　智慧景区体验量表因子分析旋转前后解释的总方差以及抽取的因子

成分	初始特征值			提取载荷平方和			旋转载荷平方和		
	总计	方差百分比	累积 %	总计	方差百分比	累积 %	总计	方差百分比	累积 %
1	5.626	33.094	33.094	5.626	33.094	33.094	3.481	20.477	20.477

续　表

成分	初始特征值			提取载荷平方和			旋转载荷平方和		
	总计	方差百分比	累积 %	总计	方差百分比	累积 %	总计	方差百分比	累积 %
2	2.266	13.328	46.423	2.266	13.328	46.423	2.735	16.087	36.564
3	1.876	11.035	57.458	1.876	11.035	57.458	2.643	15.549	52.113
4	1.675	9.854	67.312	1.675	9.854	67.312	2.584	15.199	67.312
5	0.561	3.302	70.615						
6	0.548	3.223	73.838						
7	0.519	3.051	76.889						
8	0.464	2.731	79.619						
9	0.453	2.666	82.285						
10	0.442	2.600	84.885						
11	0.417	2.454	87.339						
12	0.401	2.358	89.697						
13	0.384	2.257	91.954						
14	0.374	2.202	94.156						
15	0.372	2.190	96.346						
16	0.344	2.022	98.368						
17	0.277	1.632	100.000						

　　表9-18为因子旋转后的成分矩阵，共有4个因子（娱乐型体验、教育型体验、逃避型体验、审美型体验），各因子和题项的因子载荷值均

大于 0.5，适合作为因子分析的样本。对各因子的组合信度分析结果显示，Cronbach's Alpha 值均大于 0.7，可判断可信度高。

表 9-18　因子旋转后的成分矩阵

因子	题项	成分				Cronbach's Alpha
		1	2	3	4	
娱乐型体验	娱乐型2：智慧景区的旅游体验有给人们带来乐趣的因素	0.847				0.891
	娱乐型1：智慧景区的旅游体验很有看点并使我非常愉快	0.811				
	娱乐型5：智慧景区的旅游体验令我很开心	0.807				
	娱乐型4：智慧景区的旅游体验中的娱乐型因素很有魅力	0.803				
	娱乐型3：智慧景区的旅游体验有娱乐型因素	0.792				
审美型体验	审美型5：智慧景区的旅游体验的周围环境别具特色		0.803			0.845
	审美型2：智慧景区的旅游体验的周边环境吸引了我的视线		0.802			
	审美型1：参与智慧景区的旅游体验时，我所感受的氛围很有魅力		0.791			
	审美型4：智慧景区的旅游体验项目的构成很协调		0.773			

续　表

因子	题项	成分				Cronbach's Alpha
		1	2	3	4	
逃避型体验	逃避型4：参与智慧景区的旅游体验时的我和平时有所不同			0.817		0.826
	逃避型1：参与智慧景区的旅游体验时，我会短暂忘记日常生活			0.795		
	逃避型3：参与智慧景区的旅游体验时，我会感觉时间过得真快			0.779		
	逃避型5：智慧景区的旅游体验有缓解压力的要素			0.749		
教育型体验	教育型3：智慧景区的旅游体验使我学到很多东西				0.797	0.809
	教育型5：智慧景区的旅游体验相当有教育意义				0.786	
	教育型1：智慧景区的旅游体验的新兴物能激发我的好奇心				0.776	
	教育型4：智慧景区的旅游体验能丰富我的知识				0.738	
提取方法：主成分分析法；旋转方法：凯撒正态化最大方差法						

（二）愉悦度的探索性因子分析

本书对愉悦度量表中的数据进行了探索性因子分析，采用主成分分析以及最大方差法旋转对愉悦度的 5 个题项进行因子分析。具体数据 KMO（Kaiser-Meyer-Olkin）度量系数和 Bartlett 的球形度检验结果如表 9-19 所示。KMO 值为 0.867；近似卡方为 1105.065，自由度为 10，显著性为 0.000。

表 9-19　愉悦度量表 KMO 和巴特利特检验

KMO 度量		0.867
巴特利特球形度检验	近似卡方	1105.065
	自由度	10
	显著性	0.000

根据以上的研究结果，本书采用主成分分析以及最大方差法旋转对愉悦度的 5 个题项进行因子分析。在选取因子数目时，本书采用的标准是 Kaiser 法，该标准选取特征值 ≥ 1 的作为成分数。如表 9-20 所示，特征值大于 1 的因子一共有 1 个，这 1 个因子的累积方差百分比为 64.129%。累积方差百分比超过 60% 以上说明良好。

表 9-20　愉悦度量表因子分析抽取的因子以及解释的总方差

成分	初始特征值			提取载荷平方和		
	总计	方差百分比	累积 %	总计	方差百分比	累积 %
1	3.206	64.129	64.129	3.206	64.129	64.129
2	0.546	10.927	75.056			
3	0.469	9.376	84.432			
4	0.447	8.948	93.380			

续　表

成分	初始特征值			提取载荷平方和		
	总计	方差百分比	累积 %	总计	方差百分比	累积 %
5	0.331	6.620	100.000			

表 9-21 为愉悦度得出的因子和题项的因子载荷值均远大于 0.5，适合作为因子分析的样本。对各因子的组合信度分析结果显示，Cronbach's Alpha 值大于 0.7，可判断其可信度较高。

表 9-21　因子的成分矩阵

因子	题项	成分	Cronbach's Alpha
		1	
愉悦度	2. 在智慧景区的旅游体验中，我感觉身心愉悦	0.862	0.855
	3. 在智慧景区的旅游体验中，我感觉充满活力	0.800	
	5. 在智慧景区的旅游体验中，我感觉很兴奋	0.792	
	4. 在智慧景区的旅游体验中，我感觉很幸福	0.788	
	1. 在智慧景区的旅游体验中，我的心情非常好	0.758	
提取方法：主成分分析法			

（三）满意度的探索性因子分析

本书对满意度的量表中的数据进行了探索性因子分析，采用主成分分析以及最大方差法旋转对愉悦度的 6 个题项进行因子分析。具体数据 KMO（Kaiser-Meyer-Olkin）度量系数和 Bartlett 的球形度检验结果如表 9-22 所示。KMO 值为 0.911；近似卡方为 1646.118，自由度为 15，显著性为 0.000。

表 9-22　满意度量表 KMO 和巴特利特检验

KMO 度量		0.911
巴特利特球形度检验	近似卡方	1646.118
	自由度	15
	显著性	0.000

　　根据以上的研究结果，本书采用主成分分析以及最大方差法旋转对满意度的 6 个题项进行因子分析。在选取因子数目时，本书采用的标准是 Kaiser 法，该标准选取特征值 ≥ 1.0 的作为成分数。如表 9-23 所示，特征值大于 1 的因子一共有 1 个，这 1 个因子的累积方差百分比为 65.918%。累积方差百分比超过 60% 说明良好。

表 9-23　满意度量表因子分析抽取的因子以及解释的总方差

成分	初始特征值			提取载荷平方和		
	总计	方差百分比	累积 %	总计	方差百分比	累积 %
1	3.955	65.918	65.918	3.955	65.918	65.918
2	0.491	8.191	74.108			
3	0.447	7.458	81.566			
4	0.401	6.687	88.253			
5	0.367	6.116	94.369			
6	0.338	5.631	100.000			
提取方法：主成分分析法						

　　表 9-24 为满意度得出的因子和题项的因子载荷值均远大于 0.5，适合作为因子分析的样本。对各因素的组合信度分析结果显示，Cronbach's Alpha 值大于 0.7，可判断可信度高。

表9-24　因子的成分矩阵

因子	题项	成分 1	Cronbach's Alpha
满意度	5.我认为游览智慧景区这个决定是正确的	0.833	0.896
	4.我很满意游览智慧景区的这个决定	0.817	
	1.我很满意智慧景区内的体验	0.817	
	3.我感觉游览智慧景区的花费是值得的	0.814	
	6.我总体上是满意的	0.804	
	2.我感觉游览智慧景区这段时间是值得的	0.785	
提取方法：主成分分析法			

（四）依恋度的探索性因子分析

本书对依恋度量表中的数据进行了探索性因子分析，采用主成分分析以及最大方差法旋转对愉悦度的6个题项进行因子分析。具体数据KMO（Kaiser-Meyer-Olkin）度量系数和Bartlett的球形度检验结果如表9-25所示。KMO值为0.916；近似卡方为1613.572，自由度为15，显著性为0.000。

表9-25　依恋度量表KMO和巴特利特检验

KMO 度量		0.916
巴特利特球形度检验	近似卡方	1613.572
	自由度	15
	显著性	0.000

根据以上的研究结果，本书采用主成分分析以及最大方差法旋转对依恋度的 6 个题项进行因子分析。在选取因子数目时，本书采用的标准是 Kaiser 法，该标准选取特征值 ≥ 1.0 的作为成分数。如表 9-26 所示，特征值大于 1 的因子一共有 1 个，这 1 个因子的累积方差百分比为 65.674%。累积方差百分比超过 60% 说明良好。

表 9-26　依恋度量表因子分析抽取的因子以及解释的总方差

成分	初始特征值			提取载荷平方和		
	总计	方差百分比	累积 %	总计	方差百分比	累积 %
1	3.940	65.674	65.674	3.940	65.674	65.674
2	0.466	7.772	73.446			
3	0.425	7.087	80.533			
4	0.405	6.757	87.290			
5	0.390	6.496	93.786			
6	0.373	6.214	100.000			
提取方法：主成分分析法						

表 9-27 为依恋度得出的因子和题项的因子载荷值均远大于 0.5，适合作为因子分析的样木。对各因子的组合信度分析结果显示，Cronbach's Alpha 值大于 0.7，可判断可信度高。

表9-27 因子的成分矩阵

因子	题项	成分 1	Cronbach's Alpha
依恋度	1. 作为智慧景区，这里的环境和设施比其他地方好	0.822	0.893
	3. 通过智能旅游体验，这里对我来说是很有意义的地方	0.820	
	5. 我对智慧景区产生了浓厚的依恋	0.811	
	4. 通过智能旅游体验，这里对我来说是无可替代的地方	0.807	
	2. 比起别的地方，我更喜欢游览智慧景区	0.802	
	6. 智慧景区是我最享受的旅游活动的最佳场所	0.800	
提取方法：主成分分析法			

（五）行动意图的探索性因子分析

本书对行动意图量表中的数据进行了探索性因子分析，采用主成分分析以及最大方差法旋转对行动意图的 7 个题项进行因子分析，最终得出行动意图量表的相关研究样本适合做因子分析。具体数据 KMO（Kaiser-Meyer-Olkin）度量系数和 Bartlett 的球形度检验结果如表 9-28 所示。KMO 值为 0.834；近似卡方为 1398.994，自由度为 21，显著性为 0.000。

表9-28 行动意图量表 KMO 和巴特利特检验

KMO 度量		0.834
巴特利特球形度检验	近似卡方	1398.994
	自由度	21
	显著性	0.000

根据以上的研究结果，本书采用主成分分析以及最大方差法旋转对行动意图的 7 个题项进行因子分析。在选取因子数目时，本书采用的标准是 Kaiser 法，该标准选取特征值 ≥ 1.0 的作为成分数。如表 9-29 所示，特征值大于 1 的因子一共有 2 个，这 2 个因子的累积方差百分比为 69.286%。累积方差百分比超过 60% 以上说明良好。

表 9-29　行动意图量表因子分析旋转前后解释的总方差以及抽取的因子

成分	初始特征值			提取载荷平方和			旋转载荷平方和		
	总计	方差百分比	累积 %	总计	方差百分比	累积 %	总计	方差百分比	累积 %
1	3.443	49.193	49.193	3.443	49.193	49.193	2.724	38.918	38.918
2	1.406	20.093	69.286	1.406	20.093	69.286	2.126	30.368	69.286
3	0.514	7.341	76.627						
4	0.442	6.318	82.945						
5	0.415	5.934	88.879						
6	0.402	5.736	94.614						
7	0.377	5.386	100.000						
提取方法：主成分分析法									

表 9-30 为因子旋转后的成分矩阵，共有 4 个因子，各因子和题项的因子载荷值均大于 0.5，适合作为因子分析的样本。对各因素的组合信度分析结果显示，Cronbach's Alpha 值均大于 0.7，可判断可信度高。

表9-30 因子旋转后的成分矩阵

因子	题项	成分		Cronbach's Alpha
		1	2	
重访意图	1. 智慧景区值得我重访	0.821		0.847
	4. 即使重访智慧景区会花费更多费用，我也愿意	0.819		
	3. 我愿意为重访智慧景区付出努力	0.811		
	2. 我有重访智慧景区的意向	0.791		
推荐意图	5. 我会积极地谈起智慧景区		0.825	0.774
	6. 我会积极地向周围的人宣传智能旅游景点		0.824	
	7. 我会积极推荐周围的人游览智慧景区		0.805	
提取方法：主成分分析法 旋转方法：凯撒正态化最大方差法				

二、回归分析

（一）智慧景区体验对愉悦度的影响

为了验证智慧景区体验和愉悦度之间的影响关系，将智慧景区体验的4个维度娱乐型体验、教育型体验、逃避型体验、审美型体验作为自变量，对因变量的愉悦度进行了多重回归分析。

回归分析结果显示，表示回归方程解释力的修正系数 R^2 的值是 0.366，说明力为36.6%，回归方程显著性的方差分析结果具有统计学意义（ $p = 0.000$ ）。娱乐型体验（ $\beta = 0.459$ ），审美型体验（ $\beta = 0.182$ ），逃避型体验（ $\beta = 0.351$ ）在 $p < 0.001$ 水平，发现对愉悦度有统计学意义的正（+）影响。另外，利用标准化系数判断智慧景区体验4个下位因素中哪个下位因素对愉悦度的影响更大，结果娱乐型体验（ $\beta=0.459$ ）、逃

避型体验（$\beta = 0.351$）、审美型体验（$\beta = 0.182$）顺序影响愉悦度，假设 H1–1、H1–3、H1–4 成立，假设 H1 部分成立。 详见表 9–31。

表 9–31　智慧景区体验对愉悦度影响的回归分析

因变量	自变量	非标准化系数		标准化系数	t值	p值
		B	标准误差	Beta		
愉悦度	常数	6.303×10^{-17}	0.035		0.000	1.000
	娱乐型体验	0.459	0.035	0.459	13.218	0.000***
	审美型体验	0.182	0.035	0.182	5.246	0.000***
	逃避型体验	0.351	0.035	0.351	10.114	0.000***
	教育型体验	0.065	0.035	0.065	1.861	0.063
$R^2 = 0.371$, adj.$R^2 = 0.366$, F 值 = 76.995 ($p = 0.000$)						
注 : * p–value < 0.05 ; ** p–value < 0.01 ; *** p–value < 0.005						

（二）智慧景区体验对满意度的影响

为了验证智慧景区体验和满意度之间的影响关系，将体验的 4 个维度娱乐型体验、教育型体验、逃避型体验、审美型体验作为自变量，对因变量的愉悦度进行了多重回归分析。

回归分析结果显示，表示回归方程解释力的修正 R^2 的值是 0.269，解释说明力为 26.9%，回归方程显著性的方差分析结果具有统计学意义（$p = 0.000$）。娱乐型体验（$\beta = 0.341$）、审美型体验（$\beta - 0.194$）、逃避型体验（$\beta = 0.346$）在 $p < 0.001$ 水平，对满意度有统计学意义的正（＋）影响。另外，利用标准化系数判断哪个子因素对愉悦度的影响更大，结果：逃避型体验（$\beta = 0.346$）、娱乐型体验（$\beta = 0.341$）、审美型体验（$\beta = 0.194$）顺序影响满意度，假设 H2–1、H2–3、H2–4 成立，假设 H2 部分成立。 详情见表 9–32。

表9-32 智慧景区体验对满意度影响的回归分析

因变量	自变量	非标准化系数		标准化系数	t值	p值
		B	标准误差	Beta		
满意度	常数	1.182×10^{-17}	0.037		0.000	1.000
	娱乐型体验	0.341	0.037	0.341	9.148	0.000***
	审美型体验	0.194	0.037	0.194	5.213	0.000***
	逃避型体验	0.346	0.037	0.346	9.285	0.000***
	教育型体验	0.042	0.037	0.042	1.123	0.262
$R^2 = 0.275$, adj.$R^2 = 0.269$, F值 $= 49.585 (p = 0.000)$						
注：* p-value < 0.05；** p-value < 0.01；*** p-value < 0.005						

（三）愉悦度对满意度的影响

为了验证愉悦度和满意度之间的影响关系，以愉悦度为自变量，对因变量满意度进行了回归分析。回归分析结果显示，表示回归方程解释力的修正 R^2 的值是 0.325，解释说明力为 32.5%，回归方程显著性的方差分析结果具有统计学意义（$p = 0.000$）。愉悦度 $\beta = 0.571$，$p < 0.001$，说明愉悦度对满意度有统计学意义的正（+）影响，因此假设 H3 成立，详见表9-33。

表9-33 愉悦度对满意度影响的回归分析

因变量	自变量	非标准化系数		标准化系数	t值	p值
		B	标准误差	Beta		
满意度	常数	-4.010×10^{-17}	0.036		0.000	1.000
	愉悦度	0.571	0.036	0.571	15.969	0.000***
$R^2 = 0.327$, adj.$R^2 = 0.325$, F值 $= 255.022 (p = 0.000)$						
注：* p-value < 0.05；** p-value < 0.01；*** p-value < 0.005						

（四）愉悦度对依恋度的影响

为了验证愉悦度和依恋度之间的影响关系，以愉悦度为自变量，对因变量依恋度进行了回归分析。结果显示，回归方程说明力的修正R^2的值是0.316，解释说明力为31.6%，回归方程显著性的方差分析结果具有统计学意义（$p = 0.000$）。愉悦度$\beta = 0.563$，$p < 0.001$。说明愉悦度对依恋度有统计学意义的正（＋）影响，因此假设H4成立。详见表9-34。

表9-34　愉悦度对依恋度影响的回归分析

因变量	自变量	非标准化系数		标准化系数 Beta	t值	p值
		B	标准误差			
依恋度	常数	-3.984×10^{-17}	0.036		0.000	1.000
	愉悦度	0.563	0.036	0.563	15.620	0.000***
$R^2 = 0.317$, adj.$R^2 = 0.316$, F 值 = 243.996 （$p = 0.000$）						
注：* p–value < 0.05；** p–value < 0.01；*** p–value < 0.005						

（五）满意度对依恋度的影响

为了验证满意度和依恋度之间的影响关系，以满意度为自变量，对因变量依恋度进行了回归分析。回归分析结果显示，表示回归方程解释力的修正R^2的值是0.321，解释说明力32.1%，回归方程显著性的方差分析结果具有统计学意义（$p = 0.000$）。满意度$\beta = 0.568$，$p < 0.001$。说明满意度对依恋度有统计学意义的正（＋）影响，因此假设H5成立。详情如下表9-35所示。

表9-35　满意度对依恋度影响的回归分析

因变量	自变量	非标准化系数		标准化系数 Beta	t值	p值
		B	标准误差			
依恋度	常数	-9.728×10^{-18}	0.036		0.000	1.000
	满意度	0.568	0.036	0.568	15.812	0.000***
$R^2 = 0.322$, adj.$R^2 = 0.321$, F 值 $= 250.017$ $(p = 0.000)$						
注：* p–value < 0.05；** p–value < 0.01；*** p–value < 0.005						

（六）依恋度对行动意图的影响

为了验证依恋度与行动意图之间的影响关系，以依恋度为自变量，对因变量行动意图进行了回归分析。考察依恋度与行动意图的影响关系如下。

首先，依恋度和重访意图的回归分析结果显示，表示回归方程说明力的修正R^2的值是 0.219，解释说明力为 21.9%，回归方程显著性的方差分析结果具有统计学意义（$p = 0.000$）。依恋度 $\beta = 0.469$，$p < 0.001$。说明依恋度对重访意图有统计学意义的正（+）影响，因此假设 H6-1 成立。

其次，依恋度和推荐意图的回归分析结果显示，表示回归方程说明力的修正R^2的值是 0.227，解释说明力为 22.7%，回归方程显著性的方差分析结果具有统计学意义（$p = 0.000$）。依恋度 $\beta = 0.478$，$p < 0.001$。说明依恋度对推荐意愿有统计学意义的正（+）影响，因此假设 H6-2 成立。

综上，假设 H6 成立，说明依恋度会影响重访意图和推荐意图。详见表9-36。

表 9-36　依恋度对行动意图影响的回归分析

因变量	自变量	非标准化系数		标准化系数 Beta	t值	p值
		B	标准误差			
重访意图	常数	$-1.467E-17$	0.038		0.000	1.000
	依恋度	0.469	0.038	0.469	12.192	0.000***
$R^2 = 0.220$, adj.$R^2 = 0.219$, F 值 = 148.656（$p = 0.000$)						
推荐意图	常数	$-1.545E-16$	0.038		0.000	1.000
	依恋度	0.478	0.038	0.478	12.471	0.000***
$R^2 = 0.228$, adj.$R^2 = 0.227$, F 值 = 155.517（$p = 0.000$)						
注：* p–value < 0.05；** p–value < 0.01；*** p–value < 0.005						

第三节　验证性因子分析及中介验证

根据上一节对于模型中各个变量的探索性分析和回归分析的结果，为保证研究的科学性和严谨性，本书再次对模型各个变量各个维度做验证性因子分析。结果显示，模型内各个因子区分效度、组合信度良好。进而验证模型的可行性以及中间变量的中介效用。

一、验证性因子分析

使用 Smart PLS3.0 软件对各潜变量进行信效度检验。表 9-37 中，模型中各个变量、维度、题项的标准化因子载荷为 0.752 ~ 0.869，部分题项标准化因子载荷虽在 0.7 以上，均在可接受的范围内。各测量变量的因子载荷量与 Cronbach's Alpha 系数均大于 0.785，组合信度 CR 值均大于 0.783，AVE 值均大于 0.5，说明量表具有较好的收敛效度与信度。

所有指标的 VIF 值均小于门槛值 5，说明结构模型中各个变量不存在共线性问题。区别效度是通过变量平均萃取变异量（AVE）的平方根是否大于该变量与其他变量的相关系数来判断的，由表 9-38 可知，各变量 AVE 值的算术平方根均大于该变量与其他变量间的相关系数，因此可判断该量表具有较好的区分效度。

表 9-37　收敛效度与信度判定

变量	维度	题项	VIF	因子载荷	Cronbach's Alpha	组成信度（CR）	AVE
智慧景区的体验	娱乐型体验	娱乐型 1	2.255	0.832	0.891	0.920	0.696
		娱乐型 2	2.583	0.869			
		娱乐型 3	2.095	0.826			
		娱乐型 4	2.006	0.820			
		娱乐型 5	2.084	0.824			
	教育型体验	教育型 1	1.677	0.800	0.809	0.873	0.632
		教育型 3	1.759	0.805			
		教育型 4	1.556	0.822			
		教育型 5	1.644	0.752			
	逃避型体验	逃避型 1	1.687	0.785	0.826	0.885	0.657
		逃避型 3	1.737	0.805			
		逃避型 4	1.960	0.846			
		逃避型 5	1.647	0.805			
	审美型体验	审美型 1	1.865	0.835	0.846	0.897	0.684
		审美型 2	1.963	0.832			
		审美型 4	1.843	0.828			
		审美型 5	1.851	0.812			

续 表

变量	维度	题项	VIF	因子载荷	Cronbach's Alpha	组成信度（CR）	AVE
	愉悦度	愉悦度 1	1.678	0.757	0.860	0.899	0.641
		愉悦度 2	2.375	0.861			
		愉悦度 3	1.847	0.797			
		愉悦度 4	1.813	0.796			
		愉悦度 5	1.819	0.789			
	满意度	满意度 1	2.148	0.816	0.897	0.921	0.659
		满意度 2	1.907	0.785			
		满意度 3	2.126	0.815			
		满意度 4	2.145	0.812			
		满意度 5	2.301	0.837			
		满意度 6	2.072	0.805			
	依恋度	依恋度 1	2.166	0.820	0.895	0.920	0.657
		依恋度 2	2.009	0.799			
		依恋度 3	2.151	0.822			
		依恋度 4	2.064	0.808			
		依恋度 5	2.069	0.812			
		依恋度 6	2.005	0.801			
行动意图	重访意图	重访意图 1	1.948	0.838	0.848	0.897	0.686
		重访意图 2	1.816	0.823			
		重访意图 3	1.834	0.810			
		重访意图 4	1.962	0.842			
	推荐意图	推荐意图 1	1.697	0.858	0.785	0.874	0.699
		推荐意图 2	1.581	0.805			
		推荐意图 3	1.652	0.845			

表 9-38　区分效度判定

	依恋度	娱乐型体验	审美型体验	愉悦度	推荐意图	教育型体验	满意度	逃避型体验	重访意图
依恋度	0.810								
娱乐型体验	0.380	0.834							
审美型体验	0.356	0.345	0.827						
愉悦度	0.564	0.526	0.320	0.801					
推荐意图	0.567	0.365	0.317	0.441	0.836				
教育型体验	0.324	0.294	0.340	0.201	0.336	0.795			
满意度	0.569	0.411	0.306	0.572	0.518	0.168	0.812		
逃避型体验	0.416	0.285	0.370	0.443	0.361	0.285	0.421	0.811	
重访意图	0.558	0.349	0.338	0.473	0.406	0.288	0.450	0.347	0.828

二、假设验证及中介效果检验

通过 PLS 路径分析，得出结果如表 9-39 所示。智慧景区体验的 4 个维度娱乐型体验、逃避型体验两个因子对愉悦度存在显著正向影响；f^2 娱乐型体验→愉悦度为 0.238，属于中效果解释能力；f^2 逃避型体验→愉悦度为 0.121，属于小效果解释能力；f^2 娱乐型体验→满意度为 0.021，属于小效果解释能力；f^2 逃避型体验→满意度为 0.041，属于小效果解释能力；而教育型体验、审美型体验对愉悦度和满意度均不存在显著性影响；愉悦度对满意度存在显著正向影响，解释能力为中效果；愉悦度对依恋度存在显著正向影响，解释能力为小效果；满意度对依恋度存在显著正向影响，解释能力为中效果；依恋度对行动意图中 2 个因子（重访意图、推荐意图）均存在显著影响，解释能力均为大效果。模型的标准化均方根残差 SRMR 值为 0.040，小于 0.08，Schumacker 和 Lomax 认为 NFI 值要大于 0.95，0.9 ～ 0.95 为可接受。但 Tabachnick 等人指出，由于 NFI 值在样本数小的时候会被低估，因此放宽到 0.8 的标准，本研究模型的 NFI 值为 0.869，大于 0.8，以及 RMS_Theta 值为 0.096，小于 0.12，故模型的适配度为佳。

表 9-39　假设检验结果

假设	关系	路径系数	T值	f^2	决策	模型适配度
H1-1	娱乐型体验→愉悦度	0.424***	11.546	0.238	成立	
H1-2	教育型体验→愉悦度	−0.035	0.989	0.002	不成立	
H1-3	逃避型体验→愉悦度	0.305***	8.107	0.121	成立	
H1-4	审美型体验→愉悦度	0.073	1.787	0.006	不成立	
H2-1	娱乐型体验→满意度	0.128***	3.056	0.021	成立	
H2-2	教育型体验→满意度	−0.029	0.725	0.001	不成立	SRMR = 0.040
H2-3	逃避型体验→满意度	0.187***	4.556	0.041	成立	NFI = 0.869
H2-4	审美型体验→满意度	0.072	1.791	0.006	不成立	RMS_
H3	愉悦度→满意度	0.404***	9.917	0.165	成立	Theta = 0.096
H4	愉悦度→依恋度	0.355***	8.470	0.143	成立	
H5	满意度→依恋度	0.366***	8.898	0.152	成立	
H6-1	依恋度→重访意图	0.558***	18.180	0.452	成立	
H6-2	依恋度→推荐意图	0.567***	20.425	0.475	成立	

注 1：$0.02 < f^2 \leqslant 0.15$（小效果），$0.15 < f^2 \leqslant 0.35$（中效果），$0.35 \leqslant f^2$（大效果）

注 2：* p-value < 0.05；** p-value < 0.01；*** p-value < 0.005

通过 PLS 路径分析，检验部分变量的中介效果，得出结果如表 9-40 所示。经检测智慧景区体验的娱乐型体验通过满意度对依恋度产生显著性影响，智慧景区体验的娱乐型体验通过愉悦度对满意度产生显著性影响，智慧景区体验的娱乐型体验通过愉悦度对依恋度产生显著性影响；智慧景区体验的逃避型体验通过满意度对依恋度产生显著性影响，智慧景区体验的逃避型体验通过愉悦度对满意度产生显著性影响，智慧景区体验的逃避型体验通过愉悦度对依恋度产生显著性影响；愉悦度通过依恋度对推荐意图产生显著性影响，同时愉悦度通过依恋度对重访意图也产生显著性影响；满意度通过依恋度对推荐意图产生显著性影响，同时满意度通过依恋度对重访意图也产生显著性影响；愉悦度通过满意度对依恋度也产生显著性影响。

表 9-40　检验部分变量和中介效果的结果

假设	路径系数	t值	p值	决策
娱乐型体验→满意度→依恋度	0.047	2.886	0.004***	成立
娱乐型体验→愉悦度→满意度	0.172	7.393	0.000***	成立
娱乐型体验→愉悦度→依恋度	0.151	6.685	0.000***	成立
愉悦度→依恋度→推荐意图	0.201	7.652	0.000***	成立
教育型体验→满意度→依恋度	−0.010	0.725	0.469	不成立
逃避型体验→满意度→依恋度	0.068	3.926	0.000***	成立
愉悦度→依恋度→重访意图	0.198	7.156	0.000***	成立
审美型体验→愉悦度→满意度	0.029	1.759	0.079	不成立
满意度→依恋度→推荐意图	0.207	7.721	0.000***	成立
审美型体验→愉悦度→依恋度	0.026	1.709	0.088	不成立
逃避型体验→愉悦度→依恋度	0.108	5.714	0.000***	成立

续　表

假设	路径系数	t值	p值	决策
满意度→依恋度→重访意图	0.204	7.879	0.000***	成立
教育型体验→愉悦度→依恋度	−0.012	0.988	0.323	不成立
愉悦度→满意度→依恋度	0.148	6.460	0.000***	成立
教育型体验→愉悦度→满意度	−0.014	0.981	0.326	不成立
审美型体验→满意度→依恋度	0.026	1.715	0.086	不成立
逃避型体验→愉悦度→满意度	0.123	6.127	0.000***	成立
注：* p-value < 0.05；** p-value < 0.01；*** p-value < 0.005				

第十章 结 论

第一节 研究结果的概述

智慧旅游作为信息通信技术（ICT）与旅游业深度融合的产物，标志着旅游行业迈入了第四次产业革命的新时代。这一变革不仅体现在技术层面，更在于它如何重塑旅游产业的每一个环节，从旅游目的地的管理、服务提供到游客的体验与互动，都发生了根本性的变化。在我国，这一趋势尤为显著，智慧旅游胜地的建设与发展成为推动旅游产业升级的关键力量。

我国作为全球最大的国内旅游市场之一，其旅游业的快速发展对经济增长贡献显著。面对旅游需求的多元化与个性化，政府与企业开始探索如何借助新兴科技手段提升旅游服务质量，增强游客体验，从而推动旅游市场的持续增长。在此背景下，智慧旅游的概念应运而生，旨在通过云计算、大数据、IoT、AI等第四代信息技术，实现旅游信息的智能化管理和旅游服务的个性化定制。

在我国，对智慧景区的研究主要集中在管理系统与平台构建上。例如，邵振峰等人探讨了基于云计算的智慧景区资源管理平台；邓贤峰、李霞研究了智慧景区的智能监控与预警系统。这些研究不仅聚焦于技术的实施，更强调了如何通过技术优化资源配置、提升管理效率和保障游客安全。此外，平台及科学管理的相关研究，如李洪鹏等人的工作，揭示了智慧旅游平台在整合旅游资源、促进信息共享方面的重要性。

相比之下，韩国的智慧旅游研究更多地关注智慧旅游生态的构建与旅游景点的再生。具哲模等人探讨了智慧旅游生态系统中的互动模式与价值共创。宋英善则分析了智慧技术如何促进旅游景点的可持续发展。此外，研究还关注了智慧旅游的经济波及效应，如申勇在与徐宇钟的研究，他们评估了智慧旅游对当地经济的带动作用，揭示了其在促进就业、增加地方收入等方面的积极作用。

尽管我国在智慧旅游胜地的技术应用方面取得了显著进展，但针对游客体验的研究相对匮乏。技术的引入虽然提升了景区的管理效率和服务质量，但如何将这些技术转化为游客的真实感受与满意度，是当前面临的一大挑战。因此，引入体验经济理论，从游客的娱乐、教育、逃避和审美4个方面来解析智慧景区的体验因素，显得尤为重要。

我国智慧旅游胜地的建设和发展是一个多维度、多层次的过程，既需要技术的不断创新与应用，也需要深入理解并满足游客的需求与期望。未来的研究和实践应更加注重游客体验的深度挖掘，利用大数据分析游客行为，个性化推送服务，同时结合文化、生态等多元要素，打造真正意义上的智慧旅游生态系统。此外，加强国际合作与经验交流，借鉴国际智慧旅游的成功案例，也将为我国智慧旅游的持续发展注入新的活力。随着技术的不断进步和应用场景的日益丰富，智慧旅游的潜力远未被完全挖掘，其在推动旅游业高质量发展、促进社会经济全面进步中的角色将更加重要。

本研究采用文献分析与实证研究相结合的方法，通过在线问卷调查收集数据，旨在深入剖析智慧景区游客体验的多维度影响。笔者对与本研究主题相关的先行研究进行了研讨，对智慧景区体验、愉悦度、满意度、依恋度、行动意向概念进行了研讨，并根据研究目的导出了构成要素。笔者认为 4Es 适合掌握我国智慧景区体验因素，并对相关研究进行了探讨，设定了娱乐型体验、教育型体验、逃避型体验和审美型体验 4 个因素。另外，笔者将愉悦度、满意度和依恋度设定为单一因素，将行动意图设定为重访意图和推荐意图 2 个因素。在前期研究的基础上，共导出 44 个测量项目。

为实证调查我国智慧景区体验相关内容，笔者于 2023 年 4 月 11 日至 4 月 23 日进行在线问卷调查，从中选取有效样本 528 份作为最终研究的样本。采用 SPSS 26.0 和 Smart PLS3.0 对收集的调查资料进行实证分析，现将研究结果总结如下。

第一，假设 H1 的验证结果显示，使用回归分析时，智慧景区体验的 4 个维度对愉悦度的影响，说明力为 36.6%。一方面，智慧景区体验的维度中娱乐型体验（$\beta = 0.459$）对愉悦度的影响最大，其后依次为逃避型体验（$\beta = 0.351$）、审美型体验（$\beta = 0.182$），产生显著的正（+）影响。另一方面，只有教育型体验因素对愉悦度没有统计学意义的影响。在使用 PLS 路径分析再次检验时，审美型体验也不存在显著影响。

第二，在假设 H2 的验证结果中，使用回归分析时，得到了智慧景区体验的 4 个维度对满意度的影响，结果显示说明力为 26.9%。满意度方面，智慧景区体验的维度逃避型体验（$\beta = 0.346$），娱乐型体验（$\beta = $

0.341），审美体验（$\beta = 0.194$）顺序，产生显著正（+）的影响。另一方面，H1 等教育体验因素对满意度也没有统计学意义。在使用 PLS 路径分析再次检验时，教育型体验也不存在显著影响。

第三，假设 H3 的验证结果显示，使用回归分析时，愉悦度对满意度的影响，说明力为 32.5%。愉悦度（$\beta = 0.571$）对满意度有显著的正（+）影响。在使用 PLS 路径分析检验时，愉悦度对满意度仍存在显著影响。

第四，假设 H4、H5 的验证结果显示，使用回归分析时，愉悦度对依恋度的影响，说明力为 31.6%。此外，满意度对依恋度的影响结果显示，说明力为 32.1%。愉悦度（$\beta = 0.563$）对依恋度有显著正（+）影响，满意度（$\beta = 0.568$）对依恋度有显著正（+）影响。在使用 PLS 路径分析检验时，愉悦度和满意度均对依恋度存在显著影响。

第五，假设 6 的验证结果显示，使用回归分析时，依恋对行动意图的 2 个维度重访意图及推荐意图的影响，说明力中推荐意图为 22.7%，重访意图为 21.9%；依恋度（$\beta = 0.478$）对推荐意图具有显著的正（+）影响，依恋度（$\beta = 0.469$）对重访意愿有显著正（+）影响。在使用 PLS 路径分析检验时，依恋度对行动意图中的重访意图和推荐意图均存在显著影响。

智慧景区中的娱乐型、逃避型和审美型体验是提升游客愉悦度与满意度的关键因素，而这些积极的情感反应进一步增强了游客对景区的情感依附，从而促进了他们的重访意图和推荐行为。教育体验在本次研究中显示的影响力有限，提示景区在设计体验内容时，可能需要进一步创新教育环节，以增强其对游客体验的正面贡献。此外，研究结果强调了愉悦度和满意度作为中间变量在构建游客与景区之间持久关系中的桥梁作用，对智慧旅游胜地的管理和营销策略具有重要启示。

第二节　研究结果的启示

以本研究分析结果为基础，将智慧旅游及旅游产业发展带来的实际启示分为经济层面、社会层面、政策层面、旅游学层面。

一、智慧景区带来的经济方面的影响

智慧景区的兴起不仅代表了旅游业与信息技术融合的最新趋势，更是区域经济转型与升级的重要推手。随着我国政府对智慧旅游产业的高度重视与持续投入，智慧景区如雨后春笋般在全国各地涌现，不仅改变了传统旅游的面貌，更为地方经济发展带来了新的活力和方向。

首先，智慧景区的建设与发展，显著提升了旅游目的地的吸引力与竞争力。通过集成应用 IoT、大数据、AI 等前沿技术，智慧景区能够为游客提供更加个性化、便捷化的服务体验，如智能导航系统、虚拟导览、在线预订、实时人流监控。这些创新服务不仅提高了游客满意度，也使游客量显著增加。游客数量的增加直接带动了景区门票、餐饮、购物等直接消费的增长，为景区及周边商家创造了可观的经济效益。

智慧景区的繁荣发展，还直接促进了就业机会的增加。一方面，智慧景区的运营与维护需要大量技术人员、管理人员、服务人员等，为当地居民提供了多样化的就业选择。另一方面，智慧技术的应用也催生了新的职业形态，如数字内容创作者、智能设备维护工程师。这些岗位往往要求较高的技能水平，有助于提升当地劳动力的整体素质和收入水平。因此，智慧景区在提升地区就业率的同时，推动了居民收入的增长，对缩小城乡收入差距、促进社会公平具有重要意义。

智慧景区的经济影响远不止于旅游本身，其辐射效应广泛涉及交通、住宿、零售、文化娱乐等多个领域。随着游客量的增加，对交通运输服务的需求也随之上升，促进了当地交通业的发展，尤其是智慧交通解决方案的普及，如电子票务、智能停车，不仅提升了效率，也为相关企业带来了新的盈利点。同时，住宿业受益于游客过夜需求的增加，尤其是那些能够提供智慧化服务的酒店和民宿，更能吸引追求高品质体验的游客。此外，智慧景区还促进了与旅游紧密相关的零售、手工艺品、文化创意产品等行业的创新与销售，为地区特色商品提供了展示和销售的平台，助力地方特色产业的振兴。

智慧景区的经济贡献还体现在其对地方财政收入的直接和间接提升上。直接来看，随着旅游及相关产业税收的增加，地方政府的财政收入得以充实，有利于改善基础设施、提升公共服务水平，形成良性循环。间接来看，智慧景区作为地区经济的亮点，能够吸引外部投资，促进新项目的落地和产业链的延伸，进一步推动地方经济的多元化发展。在经济基础较为薄弱的地区，智慧景区的建设更是成为推动财政自立、减少对外部援助依赖的有效途径，为实现区域经济的自主可持续发展奠定了坚实基础。

长远来看，智慧景区的发展是实现旅游业高质量发展的重要途径，也是推动区域经济转型升级的关键抓手。它不仅能够促进旅游资源的合理配置和高效利用，还有助于构建绿色低碳、环境友好的旅游发展模式，符合可持续发展的理念。同时，智慧景区的国际化、标准化建设，还有助于提升我国旅游品牌的国际影响力，吸引更多的海外游客，为国家经济的外向型发展贡献力量。

智慧景区的培育与激活，不仅是旅游业自身现代化的体现，更是驱动区域经济全面增长、促进社会和谐发展的重要引擎。通过持续的技术创新、服务优化和产业融合，智慧景区将为我国的经济结构优化、城市与乡村的协调发展带来深远影响。

二、智慧景区的发展带来的社会层面的影响

随着智慧景区的引入，旅游业与信息技术的深度融合正深刻改变着旅游目的地的面貌，不仅为游客提供了前所未有的旅行体验，也对地区居民的生活方式、文化认同和经济发展产生了深远的影响。智慧景区凭借其智能化的服务、高效的管理以及对环境的友好态度，成为推动地区经济社会全面发展的新动力。

智慧景区的建立，首先为地区居民的生活方式带来了显著变化。一方面，智能化的设施和服务让居民能够享受到更加便捷、舒适的休闲体验。比如，通过手机 App 预约门票、查询实时景区动态、参与虚拟导览等，减少了传统旅游中的排队等待时间，提升了游览效率。另一方面，智慧景区通常会结合本地文化特色，开发数字化的文化体验项目，如 AR 历史重现、VR 互动展览等，这些新颖的体验形式不仅丰富了居民的文化生活，也增强了他们对本土文化的了解和自豪感。

智慧景区的建设往往伴随着对地区自然景观和文化遗产的保护与展示，这种对本土资源的珍视和推广，加深了居民对自己家乡的认同感和归属感。智慧技术的应用使得地区故事、风俗习惯、传统艺术等文化元素得以生动展现，不仅吸引了外地游客，也让本地居民重新发现并爱上自己的家园。通过参与智慧景区组织的各类文化活动，居民间的社区联系得以加强，形成了更加紧密、活跃的社区氛围。

智慧景区不仅是旅游业的升级，更是推动地区经济结构优化的重要

抓手。它通过与周边产业的深度融合，如餐饮、住宿、交通、零售，创造了大量的就业机会，促进了居民收入的增加。同时，智慧景区的知名度和吸引力还能够吸引外来投资，为地方经济带来新的增长点。地方政府可以通过智慧景区的平台优势，推广地区特色农产品、手工艺品等，拓宽销售渠道，助力乡村振兴和农村经济的发展。

智慧景区的智慧化管理不限于旅游服务，还涉及环境保护、公共安全、健康监测等多个领域。例如，通过环境监测系统及时响应气候变化，保护生态环境；利用智能安防系统保障游客与居民的安全；开展健康旅游项目，推广健康生活方式。这些措施的实施直接提升了地区的生活质量，改善了居住环境，使居民在享受现代科技便利的同时，拥有一个更加宜居宜游的家园。

为了最大化智慧景区的社会效益，地方政府需要采取积极措施，强化政策宣传，提高居民对智慧景区的认识和支持。这包括举办公开讲座、工作坊，介绍智慧景区的概念、优势及对地区发展的积极作用，鼓励居民参与到智慧景区的规划、建设与管理中来。通过建立反馈机制，听取居民意见，确保智慧景区的发展策略能够反映社区的实际需求和期望，实现真正的社区共治共享。

智慧景区的引进和发展不仅是一种技术创新，更是一场深刻的经济社会变革。它不仅提升了旅游体验，还通过促进文化传承、经济转型、社区凝聚以及生活质量的提高，深刻影响着地区居民的生活方式和心理认同。未来，随着技术的不断进步和社会需求的持续演变，智慧景区将在推动地区可持续发展、构建和谐社会方面发挥更加重要的作用。地方政府和相关机构应当把握机遇，加强跨部门合作，持续优化智慧景区的功能与服务，让科技的力量更好地服务人民，共创美好未来。

三、智慧景区的发展带来政策方面的影响

我国在智慧旅游胜地的培育与发展中，不仅展现了其在信息技术领域的深厚积累和创新能力，还促进了旅游产业与高新技术产业的深度融合，为国家的经济发展和国际形象塑造带来了多重积极影响。

智慧旅游胜地的建设，首先是对我国 IT 产业发展的直接推动力。随着景区内 IoT、大数据、AI、VR 等技术的广泛应用，对相关硬件设备、软件开发、系统集成等 IT 产业的需求激增，不仅为国内 IT 企业提供了一个广阔的市场空间，还促进了技术的研发创新和产业升级。智慧旅游的实践，成为技术迭代与应用的试验田，激发了更多高新技术企业的诞生和成长，推动了我国在全球信息技术版图上的崛起。

智慧旅游的兴起，加速了旅游业与信息通信技术、文化创意、环保节能等多个产业的跨界融合，推动了产业结构的优化调整。这种融合不仅限于技术层面，更深层次地影响了旅游产品的设计、服务模式的创新以及管理理念的转变，促使旅游业从传统的观光型向体验型、智慧型转变。在此过程中，智慧旅游胜地作为示范窗口，引领了整个旅游行业向高附加值、高技术含量方向发展，提高了整个产业链的竞争力。

智慧旅游胜地的建设，让我国民众亲身体验到了科技进步带来的便利与乐趣，增强了对国家科技创新能力的认可与自豪感。智慧景区内的各种高科技应用，如刷脸入园、虚拟导游、智能导览车，不仅提升了游览体验，也成为展示我国科技成就的窗口。这种直观的体验式学习，有助于提升国民对国家科技实力的认知，激发青少年对科技的兴趣与梦想，进一步增强了民族自信心和国家认同感。

智慧旅游胜地的国际化发展，为世界打开了一个全新的视角来认识

我国。外国游客通过这些充满科技感的旅游目的地，不仅体验到了我国传统文化的魅力，更感受到了我国作为科技强国的现代面貌。智慧景区成为展示我国创新能力、可持续发展理念以及现代化建设成就的重要窗口，有助于打破外界对我国的传统刻板印象，提升国家软实力。同时，智慧旅游的推广，也为我国与世界各国在旅游、科技等领域的交流合作搭建了桥梁，促进了文化的相互理解和尊重。

智慧旅游胜地在追求技术创新的同时，也强调了对自然资源的保护和环境的可持续发展。通过智能化管理，实现游客流量控制、节能减排、垃圾分类处理等目标，减少了对景区生态环境的负面影响。智慧旅游的实践，为全球旅游业提供了绿色发展的典范，展示了科技如何助力解决旅游发展与环境保护之间的矛盾，为我国乃至全球的可持续旅游发展做出了贡献。

我国智慧旅游胜地的培育与发展，不仅是旅游业转型升级的内在要求，更是推动国家科技创新、产业结构调整、国民意识提升、国际形象塑造以及可持续发展战略实施的重要途径。智慧旅游作为新时代旅游业与 IT 产业深度融合的典范，正逐步成为推动我国经济高质量发展、增强国家文化软实力、促进全球旅游合作交流的新引擎。未来，随着技术的不断进步和应用的持续深化，智慧旅游将开启更多可能性，为人类的旅游体验带来前所未有的变革。

四、智慧景区的发展带来旅游学方面的影响

智慧景区作为智慧旅游的重要组成部分，其发展不仅仅是技术层面的革新，更是旅游产业整体转型升级的缩影。随着智能技术的不断投入，智慧景区不仅丰富了旅游体验的内涵，更深层次地改变了游客与旅游环

境的交互方式，为旅游业带来了前所未有的发展机遇与挑战。

智慧景区的核心在于利用 IoT、大数据、AI 等先进技术，为游客提供更加个性化、便捷化的旅游体验。通过智能导览系统，游客可以轻松获取景点信息、规划个性化行程；VR 和 AR 技术的应用，使历史场景再现、自然风光近距离观赏成为可能，极大地增强了旅游的沉浸感和互动性。此外，基于游客行为数据的智能分析，景区能够精准推送服务，如根据游客偏好推荐餐厅、住宿，或是根据人流分布动态调整游览路线，避免拥堵，让每位游客都能享受到量身定制的旅游体验。

智慧技术的融入显著提升了旅游过程中的便利性和舒适度，从而直接影响游客的满意度和忠诚度。当游客在智慧景区内能够快速解决诸如导航、支付、信息查询等问题时，他们的旅行体验将更加顺畅愉快。高度个性化的服务让游客感到被重视和尊重，这种情感联结是提升旅游忠诚度的关键。智慧景区通过不断优化游客体验，形成良好口碑，吸引更多回头客，同时也鼓励游客通过社交媒体分享他们的积极体验，形成正向的口碑传播效应。

智慧景区的实践为整个智慧旅游的发展指明了新的战略方向。首先，它强调了以游客为中心的服务理念，推动旅游服务从标准化向个性化转变，促使旅游业者思考如何更好地利用数据洞察游客需求，提供定制化服务。其次，智慧景区的建设促进了旅游与其他产业的融合发展，如与文化、教育、科技等领域的交叉融合，为旅游产品创新提供了广阔空间。再次，智慧景区还承担起教育公众、保护环境的责任，通过科技手段进行资源高效管理，推广绿色旅游，促进可持续发展。

智慧景区作为旅游业的新魅力空间，不仅提升了目的地的吸引力，也为地方经济注入了新的活力。它们往往成为地区发展的名片，吸引国内外游客的同时，带动周边服务业、零售业、交通业等相关产业的发展，促进地方经济的多元化和国际化。随着游客对旅游品质要求的不断提高，智慧景区将成为未来旅游市场的主流，其发展速度和规模将直接影响整个旅游产业的格局。

智慧景区在成长过程中，也面临着一系列挑战，如技术更新迭代快、数据安全隐私保护、技术普及与人员培训、平衡科技与自然人文景观的融合。应对这些挑战，需要政府、企业、学术界等多方合作，制定相应的政策法规，加强技术研发和人才培养，确保智慧旅游的健康发展。同时，智慧景区应注重文化传承与创新的结合，保持景区特色，避免千篇一律的技术堆砌，让科技服务于文化，而不是替代文化。

智慧景区作为智慧旅游的前沿阵地，其发展不仅改变了旅游体验的模式，更引领着整个旅游行业向更加智能、绿色、可持续的方向前进。随着技术的不断进步和应用的深入，智慧景区将持续拓展旅游的边界，为游客带来前所未有的旅行享受，同时也为旅游经济的高质量发展注入强劲动力。

第三节　研究的局限性

本研究通过实证分析，深入探讨了智慧景区旅游体验因素与其对游客愉悦度、满意度、依恋度及行动意图之间复杂且微妙的影响关系，尽管成果颇丰，但也暴露了几个值得进一步探索和改进的局限性。这些局限性不仅为后续研究指明了方向，也提醒我们在理解智慧旅游的全貌时应持开放与审慎的态度。

第一，疫情对调查样本的影响。由于 Covid-19 的客观原因，一定程度上限制旅游活动，以 2018 到 2023 年 5 年间访问过智慧景区的游客为对象进行了调查研究存在一定的局限性。这一选择虽然保证了一定的样本量和多样性，但难以忽视的是，疫情防控期间的旅游活动受限，游客的体验和行为模式可能与常态时期存在显著差异。疫情防控期间，游客可能更加重视安全与卫生条件，对景区智能化、无接触服务的需求增加，而这些因素在常态时期的权重可能会有所不同。因此，随着疫情逐步得到控制，日常生活逐步恢复正常，重新进行大规模问卷调查，对比分析不同时间段内游客的访问特征（如访问次数、费用、时间）显得尤为关键。这有助于我们更准确地捕捉疫情防控前后游客体验需求的变化趋势，以及这些变化如何影响他们对智慧景区的感知和评价。

第二，教育体验的潜在价值。研究发现，智慧景区的教育型体验在体验因素中对愉悦度和满意度没有显著影响，这一结果令人意外，也引出了一个待解之谜。教育体验作为智慧景区的一个独特卖点，理应能通过丰富知识、提升认知体验等方式增强游客的整体满意度。未来研究应深入探究教育体验未达预期效果的原因，可能是教育内容的设计、呈现方式或与游客互动的形式不够吸引人，或者教育信息的传达缺乏针对性和个性化。通过案例研究、深度访谈等质性研究方法，深入了解游客对于教育体验的真实需求和期待，对优化教育体验设计至关重要。

第三，跨文化比较的缺失。本研究局限于对我国智慧景区的游客进行分析，忽略了全球范围内智慧旅游胜地体验的多样性。不同国家和地区的历史文化、游客构成、消费习惯等因素均会影响游客对智慧旅游的感知和反应。例如，西方游客可能更重视个人隐私和自由探索，而亚洲游客可能更倾向于有序、高效的服务体验。因此，进行跨国比较研究，探索不同文化背景下的智慧旅游体验差异，不仅能够丰富我们对智慧旅游的理解，也能为全球范围内的智慧旅游胜地提供更加因地制宜的发展策略。

第四，依恋度的多维度探索不足。依恋度作为游客情感依附的度量，其形成和影响机制极为复杂，本研究将其简化为单一因素处理，无疑忽略了其内部结构的多样性。未来研究应进一步细化依恋度的构成，如情感联结、地方认同、记忆价值等维度，探讨这些细分维度如何独立或协同作用于愉悦度、满意度及行动意图。通过结构方程模型等高级统计方法，可以更细致地描绘出各因素间的直接和间接影响路径，为景区管理者提供更精准的管理策略建议。

第五，行动意图的多维考量。本研究仅从重访意图和推荐意图 2 个维度探讨了行动意图，而忽略了口碑传播（口传意图）这一重要的行为倾向。在社交媒体高度发达的今天，口碑传播已成为影响消费者决策的重要因素。未来研究应纳入口传意图作为行动意图的一个独立维度，分析其与愉悦度、满意度及依恋度的关系，以及如何通过优化智慧旅游体验促进游客自发的正面传播。

第六，方法论的拓展与深化。尽管本研究采用了探索性因素分析和回归分析，以及 PLS 结构模型进行验证，但在复杂的社会科学研究中，单一方法的使用难免有其局限。之后有必要利用 Amos 结构方程模型作为一种更为复杂的分析工具，更全面地分析变量间的直接效应、间接效应以及总效应，这有助于构建更为精细的理论模型，深入探究智慧旅游体验因素的内在机理。此外，结合混合研究方法，将定量数据与质性访谈、案例研究等结合起来，可以提供更加丰富、立体的研究视角。

尽管面临上述局限性，本研究仍为智慧景区的体验设计与管理、区域旅游发展策略提供了宝贵的参考。未来，通过克服现有局限，进行更全面、深入的研究，将能够更精准地指导智慧旅游实践，推动旅游业的智能化、人性化发展，为游客创造更加丰富、有意义的旅行体验。智慧旅游作为一个快速演进的领域，其研究也需要不断适应变化，探索未知，以科学严谨的态度，持续深化理论与实践的融合。

参考文献

[1]   Ainley M, Hidi S. Interest and enjoyment[M]// Pekrun R, Linnenbrink-Garcia L. *International Handbook of Emotions in Education*. New York: Taylor & Francis, 2014: 205–227.

[2]   Ajzen I. Fishbein M. *Understanding attitudes and predicting social behavior*[M]. *Englewood Cliffs*, NJ: Prentice-Hal,1980.

[3]   Babin B J, Darden W R, Griffin M. Work and/or fun: measuring hedonic and utilitarian shopping value[J]. *Journal of Consumer Research*, 1994, *20*(4): 644–656.

[4]   Baker D A, Crompton J L.Quality, satisfaction and behavioral intentions[J]. *Annals of Tourism Research*, 2000, *27*(3): 785–804.

[5]   Bhattacharjee S, Moreno K. The impact of affective information on the professional judgments of more experienced and less experienced auditors[J]. *Journal of Behavioral Decision Making*, 2002, *15*(4): 361–377.

[6]   Bigné J E, Andreu L, Gnoth J. The theme park experience: An analysis

of pleasure, arousal and satisfaction[J]. *Tourism Management*, 2005, *26*(6): 833–844.

[7] Blackwell R D, Miniard P W, Engel J F. *Consumer behavior* [M]. Boston, Massachusetts: Thomson/South-Western, 2006: 1–13.

[8] Boes K, Buhalis D, Inversini A. Conceptualising smart tourism destination dimensions[C]// Tussyadiah l, Inversini A. *Information and communication technologies in tourism 2015*: Proceedings of the international conference in Lugano, Switzerland, February 3–6, 2015. Berlin, Germany: Springer International Publishing, 2015: 391–403.

[9] Boulding W, Kalra A, Staelin R, et al. A dynamic process model of service quality: from expectations to behavioral intentions[J]. *Journal of Marketing Research*, 1993, *30*(1): 7–27.

[10] Bowlby J. The bowlby-ainsworth attachment theory[J]. *Behavioral and Brain Sciences*, 1979, *2*(4): 637–638.

[11] Bricker K S, Kerstetter D L. Level of specialization and place attachment: An exploratory study of whitewater recreationists[J]. *Leisure Sciences*, 2000, *22*(4): 233–257.

[12] Buhalis D，Amaranggana A. Smart tourism destinations enhancing tourism experience through personalisation of services[C]//Tussyadiah I，Inversini A. *Information and Communication Technologies in Tourism 2015*：Proceedings of the International Conference in Lugano，Switzerland，February 3–6，2015. Berlin, Germany：Springer International Publishing，2015：377–389.

[13] Buhalis D，Amaranggana A. Smart tourism destinations[C]//Zheng X, Tussyadiah I. *Information and communication technologies in tourism 2014*: Proceedings of the International Conference in Dublin,January 21-24, 2014. Berlin, Germany：Springer International Publishing, 2013: 553-564.

[14] Cohen E. Authenticity and commoditization in tourism[J]. *Annals of Tourism Research*, 1988, *15*(3): 371-386.

[15] Cronin Jr J J, Brady M K, Hult G T M. Assessing the effects of quality, value, and customer satisfaction on consumer behavioral intentions in service environments[J]. *Journal of Retailing*, 2000, *76*(2): 193-218.

[16] Eroglu S A, Machleit K A, Davis L M. Empirical testing of a model of online store atmospherics and shopper responses[J].*Psychology & Marketing*, 2003, *20*(2): 139-150.

[17] Feldman R M. Settlement-identity: Psychological bonds with home places in a mobile society[J]. *Environment and Behavior*, 1990, *22*(2): 183-229.

[18] Fridgen J D. *Dimensions of Tourism*[M]. East Lansing, Michigan: Educational Instituteofthe AmericanHotel&MotelAssociation, 1990.

[19] Gretzel U, Sigala M, Xiang Z, et al. Smart tourism: Foundations and developments[J]. *Electronic Markets*, 2015(25): 179-188.

[20] Gretzel U, Werthner H, Koo C, et al. Conceptual foundations for understanding smart tourism ecosystems[J].*Computers in Human Behavior*, 2015(50): 558-563.

[21] Grisaffe D B, Nguyen H P. Antecedents of emotional attachment to brands[J]. *Journal of Business Research*, 2011, *64*(10): 1052–1059.

[22] Deci E L, Ryan R M. *Handbook of Self-Determination Research*[M]. New York: University Rochester Press, 2004.

[23] Huang C D, Goo J, Nam K, et al. Smart tourism technologies in travel planning: The role of exploration and exploitation[J].*Information & Management*, 2017, *54*(6): 757–770.

[24] Hunter W C, Chung N, Gretzel U, et al. Constructivist research in smart tourism[J]. *Asia Pacific Journal of Information Systems*, 2015, *25*(1): 103–118.

[25] Hutchinson J, Lai F, Wang Y. Understanding the relationships of quality, value, equity, satisfaction, and behavioral intentions among golf travelers[J]. *Tourism Management*, 2009, *30*(2): 298–308.

[26] Izard E. *Human emotions*[M]. New York Plenum, 1977.

[27] Kasarda D, Janowitz M. Community attachment in mass society[J]. *American sociological review*, 1974(39): 328–339.

[28] Lemon K N, Verhoef P C. Understanding customer experience throughout the customer journey[J]. *Journal of Marketing*, 2016, *80*(6): 69–96.

[29] Manthiou A, Lee S, Tang L, et al. The experience economy approach to festival marketing: Vivid memory and attendee loyalty[J]. *Journal of Services Marketing*, 2014, *28*(1): 22–35.

[30] Mccoll-Kennedy J R, Gustafsson A, Jaakkola E, et al. Fresh perspectives

on customer experience[J]. *Journal of Services Marketing*, 2015, *29*(6/7): 430–435.

[31] Mccool S F, Martin S R. Community attachment and attitudes toward tourism development[J].*Journal of Travel Research*, 1994, *32*(3): 29–34.

[32] Mehmetoglu M, Engen M. Pine and Gilmore's concept of experience economy and its dimensions: An empirical examination in tourism[J]. *Journal of Quality Assurance in Hospitality & Tourism*, 2011, *12*(4): 237–255.

[33] Mehrabian A, Russell J A. *An Approach to Environmental Psychology*[M]. Cambridge: the MIT Press, 1974.

[34] Moscardo G M, Pearce P L. Historic theme parks: An Australian experience in authenticity[J]. *Annals of Tourism Research*, 1986, *13*(3): 467–479.

[35] Nakamura J, Csikszentmihalyi M. The concept of flow[J].*Handbook of Positive Psychology*, 2002(89): 105.

[36] Nyer P U. Cathartic complaining as a means of reducing consumer dissatisfaction[J]. *Journal of Consumer Satisfaction, Dissatisfaction and Complaining Behavior*, 1999(12): 15–25.

[37] Oh H, Fiore A M, Jeoung M. Measuring experience economy concepts: Tourism applications[J]. *Journal of Travel Research*, 2007, *46*(2): 119–132.

[38] Oliver R L. Cognitive, affective, and attribute bases of the satisfaction response[J]. *Journal of Consumer Research*, 1993, *20*(3): 418–430.

[39] Oliver R L. *Satisfaction*: *A Behavioral Perspective on the* Customer[M]. New York: McGraw, Hill.1997.

[40] Orth U R, Limon Y, Rose G. Store-evoked affect, personalities, and consumer emotional attachments to brands[J].*Journal of Business Research*, 2010, *63*(11): 1202–1208.

[41] Parasuraman A, Grewal D. The impact of technology on the quality-value-loyalty chain: A research agenda[J]. *Journal of the Academy of Marketing Science*, 2000, *28*(1): 168–174.

[42] Pine B J, Gilmore J H. *Welcome to the Experience Economy*[M]. Cambridge, MA, USA: Harvard Business Review Press, 1998.

[43] Pine B J, Gilmore J H. Welcome to the experience economy[J]. *Harvard Business Review*, 1998(76): 97–108.

[44] Prayag G, Ryan C. Antecedents of tourists' loyalty to Mauritius: The role and influence of destination image, place attachment, personal involvement, and satisfaction[J]. *Journal of Travel Research*, 2012, *51*(3): 342–356.

[45] Prayag G, Ryan C. Antecedents of tourists' loyalty to Mauritius: The role and influence of destination image, place attachment, personal involvement, and satisfaction[J]. *Journal of Travel Research*, 2012, *51*(3): 342–356.

[46] Raymond C M, Brown G, Weber D. The measurement of place attachment: Personal, community, and environmental connections[J].

Journal of Environmental Psychology, 2010, *30*(4): 422–434.

[47] Relph E. *Place and Placelessness*[M]. London: Pion, 1976.

[48] Russell J A, Pratt G. A description of the affective quality attributed to environments[J]. *Journal of Personality and Social Psychology*, 1980, *38*(2): 311.

[49] Ryu K, Jang S C. Dinescape: A scale for customers' perception of dining environments[J]. *Journal of Foodservice Business Research*, 2008, *11*(1): 2–22.

[50] Schreyer R, Jacobs G R, White R G. Environmental meaning as a determinant of Spatial Behaviour in Recreation[C]// Frazier J, Epstein B. *Proceedings of the Applied Geography Conferences*. Kent, OH: Kent State University, 1981: 294–300.

[51] Song H J, Ahn Y, Lee C K. Examining relationships among Expo experiences, service quality, satisfaction, and the effect of the Expo: The case of the Expo 2012 Yeosu Korea[J]. *Asia Pacific Journal of Tourism Research*, 2015, *20*(11): 1266–1285.

[52] Su K, Li J, Fu H. Smart city and the applications[C]// *In Proceedings of the 2011 International Conference on Electronics, Communications and Control（ICECC）*, september 9–11, 2011. Ningbo, China: IEEE, 2011: 1028–1031.

[53] Szymanski D M, Henard D H. Customer satisfaction: A meta–analysis of the empirical evidence[J]. *Journal of the Academy of Marketing Science*, 2001, *29*(1): 16–35.

[54] Tavitiyaman P, Qu H. Destination image and behavior intention of travelers to Thailand: The moderating effect of perceived risk[J]. *Journal of Travel & Tourism Marketing*, 2013, *30*(3): 169–185.

[55] Taylor S A, Baker T L. An assessment of the relationship between service quality and customer satisfaction in the formation of consumers' purchase intentions[J]. *Journal of Retailing*, 1994, *70*(2): 163–178.

[56] Thomson M, Macinnis D J, Whan Park C. The ties that bind: Measuring the strength of consumers' emotional attachments to brands[J]. *Journal of Consumer Psychology*, 2005, *15*(1): 77–91.

[57] Tsai S. Fostering international brand loyalty through committed and attached relationships[J]. *International Business Review*, 2011, *20*(5): 521–534.

[58] Wankel L M, Sefton J M. A season-long investigation of fun in youth sports[J]. *Journal of Sport and Exercise Psychology*, 1989, *11*(4): 355–366.

[59] Watson D, Clark L A, Tellegen A. Development and validation of brief measures of positive and negative affect: The PANAS scales[J]. *Journal of Personality and Social Psychology*, 1988, *54*(6): 1063.

[60] Yuksel A, Yuksel F, Bilim Y. Destination attachment: Effects on customer satisfaction and cognitive, affective and conative loyalty[J]. *Tourism Management*, 2010, *31*(2): 274–284.

[61] Zeithaml V A, Berry L L, Parasuraman A. The behavioral consequences of service quality[J]. *Journal of Marketing*, 1996, *60*(2): 31–46.

[62] Zhu W, Zhang L, Li N. Challenges, function changing of government and enterprises in Chinese smart tourism[J]. *Information and Communication Technologies in Tourism*, 2014(10): 553–564.

[63] 安镇哲，金敏智，吴勋成.旅游专列体验因素对满意度和回购行动意图的影响 [J].旅游休闲研究，2019，31（12）：45–67.

[64] 白景美.旅游活动体验对愉悦度和满足的影响 [J].活动会议研究，2011，7（2）：1–18.

[65] 陈永在.探索寺庙住宿同期、生态住宿型项目偏好度与满意度之间的关系及农村体验旅游联系战略 [J].旅游研究，2010，25（4）：353–376.

[66] 晨曦.2021我国智慧景区 TOP300[J].互联网周刊，2022（2）：58–62.

[67] 崔东熙.访韩我国游客的生活方式、旅游信息、行动意图之间的影响关系 [J].旅游学研究，2018，42（2）：11–28.

[68] 崔恩熙.国内智慧旅游案例分析和启示 [J].KIET 产业经济，2017（228）：49–57.

[69] 崔英基，赵贤.SIT 体验因素对快乐和满足及行动意图的影响：以全州韩屋村访客为中心 [J].旅游研究，2014，29（3）：105–127.

[70] 崔英基，赵贤.SIT 体验因素对快乐和满足及行动意图的影响：以全州韩屋村访客为中心 [J].旅游研究，2014，29（3）：105–127.

[71] 崔英敏，崔贤植.旅游故事属性对旅游态度的影响研究——以济州岛汉拿山灵室探访路为中心 [J].韩国文化信息学会，2011，11（12）：442–454.

[72] 崔英善，崔英敏.应对21世纪航空市场变化的航空旅游服务 [J].韩国航空经营学会，2005（1）：251-265.

[73] 崔永镇.世界文化遗产的环境线索对旅游满足和行动意图的影响 [D].首尔：京畿大学，2021.

[74] 崔允英，李秀范.葡萄酒旅游体验活动对迟到的价值、满意度及行动意图的影响 [J].旅游研究杂志，2018，32（1）：169-184.

[75] 崔允贞.看电视对视听满意度和情感幸福感的影响 [D].首尔：成均馆大学，2015.

[76] 崔载宇.智慧旅游业务拓展旅行平台模式的探索研究 [J].旅游经营研究，2019（87）：587-604.

[77] 崔子恩.地区旅游发展推进体系改善方案研究 [R].青阳：韩国文化旅游研究院，2013.

[78] 党安荣，张丹明，陈杨.智慧景区的内涵与总体框架研究 [J].我国园林，2011，27（9）：15-21.

[79] 邓贤峰，李霞."智慧景区"评价标准体系研究 [J].电子政务，2012（9）：100-106.

[80] 董彩娟.智慧景区游客旅游体验的影响因素研究 [D].广州：华南理工大学，2015.

[81] 高东宇.旅游的心理体验与满足感的关系 [D].首尔：高丽大学，1998.

[82] 高在勇，付淑珍.根据庆典参加者生活方式的扩张营销混合因素对庆典满意度的影响 [J].酒店旅游研究，2009，11（1）：1-14.

[83] 管菁，管清宝.旅游景区可持续发展之路——"智慧景区"规划设
     计 [J].智能建筑与智慧城市，2020（8）：13–17.

[84] 郭伟，贾云龙，邓丽芸.我国智慧景区发展研究 [J].我国集体经济，
     2012（25）：132–133.

[85] 韩秀晶.博览会体验要素、愉悦度、满足、再参加意图之间的关系
     研究 [J].贸易展览研究，2015，10（2）：175–196.

[86] 韩智勋.休闲活动参与度和对场所的热爱、满意度、场所专利费的
     结构关系研究 [D].首尔：庆熙大学，2011.

[87] 河东贤，全景焕.旅游目的地品牌个性对旅游目的地热爱和忠诚度
     的影响 [J].韩国摄影地理学会，2012，22（1）：13–26.

[88] 河东贤.大邱、庆北外来游客的体验对体验的乐趣、体验满足及
     喜爱度的影响——以 Pine 和 Gilmore 的体验经济理论（Experience
     Economy）为中心 [J].旅游研究，2009，24（5）：359–380.

[89] 河东贤.游客的体验对快乐、情感依恋及忠诚度的影响：以庆州国
     立博物馆为中心 [J].酒店经营学研究，2012，21（5）：255–275.

[90] 河光洙，韩凡秀.主题公园访问者的满意和访问后行动意图的决定
     因素 [J].旅游学研究，2001，25（1）：329–347.

[91] 洪周永，金成洙，韩智秀.品牌体验及个性对消费者 – 品牌关系、
     品牌依恋度、品牌忠诚度的影响 [J].韩国烹饪学会，2016，22（5）：
     231–251.

[92] 季国斌，陈丽，暴莹.大连市智慧景区的发展现状及对策 [J].我国
     经贸导刊，2016（5）：56–59.

[93] 季瑞云，李忠基.利用体验经济理论对野营游客体验要素的研究 [J].
酒店经营学研究，2017，26（7）：21-37.

[94] 姜东昊.乡村旅游体验因素对愉悦度和行动意图的影响 [J].旅游经
营研究，2018，22（5）：47-67.

[95] 姜亨吉，赵熙泰.对大学生身体休闲活动中的休闲态度、愉悦度、
投入经验的分析模型 [J].韩国休闲娱乐学会，2014，38（1）：33-
42.

[96] 姜信谦，崔承丹.开发景区居民对地区社会的热爱度测定尺度 [J].
旅游学研究，2002，26（1）：103-117.

[97] 金成赫，金勇日，吴在京.海洋旅游访问动机市场细分带来的海洋
旅游活动差异和对旅游满意度及旅游景点形象的影响研究 [J].旅游
研究，2012，27（1）：17-36.

[98] 金成权，李喜灿.自驾野营场所选择属性对访客行动意图的影响 [J].
旅游研究杂志，2016，30（9）：5-20.

[99] 金成泰，李钟焕.分析地区庆典的体验要素、旅游目的地形象、旅
游满意度以及行动意图之间的影响关系 [J].旅游研究杂志，2012，
26（4）：5-25.

[100]金东根.对短期居住场所依恋的研究 [J].韩国城市设计学会，
2011，12（5）：79-90.

[101]金东基.通过讲故事的场所性认识和与旅游经验构成要素的关系的
研究 [D].首尔：世宗大学，2010.

[102]金桂燮，安允智.文化旅游资源的吸引力属性、资源解释和旅游满
意度之间的影响关系 [J].旅游研究，2004，19（1）：247-272.

[103] 金洪吉.地区庆典评价属性和访客满意及行动意图之间的关系 [J].
农村地图与开发，2012，19（2）：409-434.

[104] 金京来.农村生态资源对旅游景区选择和满意度的影响：以乡村体
验旅游为重点 [D].江陵：关东大学，2009.

[105] 金景泰，以信息通信技术（ICT）为基础的智慧旅游服务活性化方
案 [J]，韩国旅游政策，2015（62）：69-77.

[106] 金敬姬，许容德.利用体验经济理论的庆典体验对快乐和满足及行
动意图的影响 [J].酒店度假村研究，2015，14（1）：103-120.

[107] 金奎范.关于地区儿童中心服务场景对场所热爱的影响的研究 [D].
首尔：汉阳大学，2017.

[108] 金明熙，姜仁浩.韩流对韩国旅游景点形象、游客满意度和行动意
图的影响 [J].旅游研究，2007，22（3）：359-380.

[109] 金胜利，任玉男.关于徒步观光的体验要素（4Es）、满意度和重访
意图的研究 [J].韩国计算机信息学会，2014，19（5）：99-107.

[110] 金时中.温泉游客选择温泉观光地的属性重要性对行动意图的影响
[J].国土地理学会，2011，45（1）：59-71.

[111] 金硕基，金志赫.运动快乐的意义生成——关于 Fiske 的抵抗性快乐
[J].韩国体育哲学志，2013，21（1）：127-142.

[112] 金泰勋.关于提高综合休养度假村访客忠诚度方案的研究 [D].江陵:
原州大学，2019.

[113] 金相熙.消费者的情感享受与认知享受：认知与情感的动态关系 [J].
经营学研究，2011，40（2）：255-295.

[114] 金相熙 . 消费者的情感享受与认知享受：认知与情感的动态关系 [J].
经营学研究，2011，40（2）：255-295.

[115] 金孝允 . 根据营销组合因素的城市旅游满意度和态度研究 [D]. 光州：
湖南大学，2015.

[116] 金孝中，金时中 . 鸡龙山国家公园游客的旅游动机对满意度和行动
意图的影响 [J]. 韩国经济地理学会，2012，15（2）：314-330.

[117] 金秀贤 . Select Dining 的店铺属性对顾客感情反应及行动意图的影
响 [D]. 首尔：京畿大学，2020.

[118] 金怡香 . 研究访韩我国人的韩流态度、旅游目的地形象、满足的关
系 [J]. 会议研究，2007，7（1）：143-159.

[119] 金英坤 . 跆拳道庆典访客的访问动机、旅游形象和满意度及行动意
图的关系 [D]. 首尔：庆熙大学，2009.

[120] 金宇庆 . 参与体育舞蹈的老人快乐尺度合理 [J]. 韩国舞蹈研究，
2017，35（4）：25-45.

[121] 金元谦 . 根据线上和线下购物业态的购物情况对消费者态度变化的
研究 [D]. 首尔：韩国外国语大学，2003.

[122] 金载坤，宋京淑 . 庆典活动中对传统乡土饮食体验观光的旅游动机
对期待度、热爱地区及满足旅游的影响 [J]. 韩国文化信息学会，
2011，11（10）：434-448.

[123] 金载学 . 对庆典成果属性的满足、对场所的依恋度、行动意图的研
究 [J]. 旅游休闲研究，2016，28（7）：95-312.

[124] 金镇洙 . 利用固有性概念的苏莱浦口的观光体验战略 [J]. 旅游经营
研究，2002，6（2）：19-36.

[125]金正秀.智慧旅游技术属性通过容易性、有用性对游客行动意图的影响[D].釜山:东亚大学,2021.

[126]金智熙,韩振秀.博物馆访问游客的动机、投入、满意度之间的关系研究[J].旅游研究,2011,26(1):73-94.

[127]金智熙,尹设玟,金智欣.关于地区庆典的体验要素、乐趣、流动的结果变数间影响关系及游客特性比较的研究[J].顾客满意经营研究,2010,12(2):165-184.

[128]金钟成.乡村旅游满意度对农特产品购买的影响研究[D].罗州:东新大学,2014.

[129]金钟顺,元亨中.对登山参与者的娱乐专业化、热爱场所和环保行动的探索性研究[J].韩国体育学会志,2016,53(5):365-379.

[130]具哲模,金正贤,郑南浩.智慧旅游生态的理论化与应用[J].信息系统审查,2014,16(3):69-87.

[131]具哲模,申升勋,金基宪,等.智慧旅游发展案例分析研究.韩国文化信息学会,2015,15(8):519-531.

[132]具哲模,郑南模.多种观点的智慧旅游眺望[M].坡州:白山出版社,2021.

[133]孔兰兰,金东国,金亨吉.品牌体验与品牌依恋度的关系中愉悦度的媒介效果[J].消费文化研究,2015,18(2):89-117.

[134]李承勋.景区品牌同一时间对依恋标志、关系持续意图的影响[J].旅游研究杂志,2016,30(2):137-153.

[135]李恩杰.我国邯郸市太极拳体验动机和选择因素对体验满足、依恋度及重访意图的影响[D].全州:又石大学,2021.

[136]李恩美，姜仁浩.旅游目的地形象和旅游动机对游客满意的影响 [J]. 旅游研究，2007（24）：47–63.

[137]李亨柱，徐智妍.关于我国消费者追求咖啡产品的便利对韩国咖啡专卖店满意度和喜爱及忠诚度的影响的研究 [J]. 韩国烹饪学会志，2016，22（5）：151–166.

[138]李慧琳，李勋.满足地区基础型大型活动志愿服务经验和热爱场所及旅游行动的关系分析 [J]. 旅游休闲研究，2014，26（9）：253–272.

[139]李佳熙.餐饮外卖软件服务便利性对迟到的价值和接受、革新抵抗及行动意图的影响 [D]. 首尔：庆熙大学，2018.

[140]李锦浩.传统文化体验对旅游满足和回访意图的影响：以长兴传统文化为中心 [D]. 唐津：世翰大学，2017.

[141]李京赞.肢体残疾人的个人价值和心理影响力对旅游行动的影响 [D]. 首尔：汉阳大学，2014.

[142]李俊烨，刘正林，赵贤敏，等.关于庆典项目体验性的研究：以瑞山海美邑城事例为中心 [J]. 文化旅游研究，2005，7（2）：97–111.

[143]李坤秀，李泰钟，宋建燮.地区庆典满意度评价模型开发：以 2003 庆州世界文化博览会为中心 [J]. 韩国地方自治学会，2005（2）：321–346.

[144]李龙焕.体验教育的理想方向 [J]. 韩国农业教育学会，2007（30）：1–36.

[145]李美惠.庆典体验对参加者的愉悦度、品牌热爱、喜爱度的影响 [J]. 旅游研究杂志，2016，30（5）：31–44.

[146]李善英，郑南浩，具哲模 . 关于加强智能旅游竞争力的智能旅游满
足决定因素的研究 [J]. 旅游学研究，2018，42（5）：151-169.

[147]李思 . 智慧景区游客感知、满意度与行为意向关系研究 [D]. 西宁：
青海大学，2019.

[148]李贤爱，杨成炳，郑南浩 . 智慧旅游城市釜山的地区内外经济波及
效果 [J]. 旅游休闲研究，2019，31（4）：87-101.

[149]李相柱，元哲植，郑妍国 . 餐饮服务企业关系营销因素对顾客满意、
回访及经营成果的影响 [J]. 旅游休闲研究，2018，30（8）：293-
309.

[150]李艺率，姜智贤，李忠勋 . 客户对葡萄酒服务的感官体验经 PAD 模
型鉴定后对客户满意、回访意愿的影响：基于 S-O-R 模型 [J]. 酒
店经营学研究，2022，31（2）：17-35.

[151]李佑镇 . 海外旅行体验要素对旅行目的地形象的影响：以对我国旅
行地的依恋标志为中心 [D]. 首尔：世宗大学，2012.

[152]李宥阳，刘炳浩 . 庆典体验要素对愉悦度、满意度及行动意图的影
响 [J]. 旅游休闲研究，2015，27（1）：271-290.

[153]李正熙，安泽均，金洪民 . 旅游信息论：以智慧旅游为中心 [M]. 首
尔：塞罗米，2012.

[154]李正学，金贤根，金在焕 . 适用体验经济理论的水上公园体验因素
与愉悦度、品牌忠诚度、关系持续度之间的结构性关系 [J]. 韩国体
育科学会志，2017，26（5）：729-743.

[155]李正学，文凯诚，金贤德 . 自行车展示会服务质量对参与价值认
识及整体满意度的影响 [J]. 体育科学研究，2009，20（2）：288-
297.

[156]李正元.真实性领导能力对组织成员的杂技漂移、依恋度、顾客指向性的影响 [D]. 首尔：世宗大学，2017.

[157]李志勋，具东模，李美贞.线上线下卖场购物顾客的支配力、活力、快乐等感情因素之间的因果关系，以及这些因素对行动意图的影响差异分析 [J].营销管理研究，2011，16（1）：89-123.

[158]李志勋，申恩庆，金智淑.关于未来功能游戏的研究 [J].韩国娱乐产业学会，2011，5（2）：34-40.

[159]李智媛.对旅游目的地品牌资产和场所的热爱对迟到的适合性及行动意图的影响 [D]. 春川：翰林大学，2017.

[160]李钟浩，吴正源，朴孝贤.对店铺环境的通风和愉悦度、行动之间关系的研究 [J].流通研究，2008，13（4）：21-46.

[161]廉智媛.根据是否贴有韩国观光之星认证标志，对传统市场访客的态度和行动意图的比较研究 [D]. 首尔：世宗大学，2019.

[162]梁奉锡.文化旅游胜地的旅游体验和固有性、旅游满足的关系研究 [D]. 釜山：东亚大学，2007.

[163]梁朴洋.我国冬季运动旅游节的服务质量与感知价值、参与满意度、城市形象及地区依恋度的关系 [D]. 全州：又石大学，2021.

[164]林南均.市立游泳池用户的服务质量感知、顾客满意、回购行动、口碑意图、地区依恋度之间的关系 [J].体育科学，2011（23）：133-152.

[165]林秀媛，金敏珠，李赫基.观看 2011 大邱世界田径锦标赛的迟到的价值、热爱地区、迟到的有用性、行动意图之间的假设因果模型 [J].韩国社会体育学会，2012，48（1）：255-266.

[166] 刘春云 . 旅游故事、经验价值、品牌资产、依恋标志、满意度关系研究 [D]. 全州：全州大学，2020.

[167] 柳炳德，李正烈 . 鱼村的体验要素对访问者的快乐和满意度的影响 [J]. 产业经济研究，2015，28（5）：2249-2276.

[168] 柳成玉，吴治玉 . 文娱专业化和场地依恋的关系 [J]. 旅游研究论丛，2008，20（2）：3-22.

[169] 龙锡洪 . 文化旅游节的体验经济理论（4Es）与行动意图的影响关系研究 [D]. 安阳：安阳大学，2016.

[170] 卢荣满 . 餐厅环境知觉对消费者态度形成的影响 [D]. 首尔：京畿大学，2003.

[171] 明有真 . 利用体验经济理论对寺庙住宿参加者满意度研究 [D]. 首尔：世宗大学，2017.

[172] 裴万奎，全尚美 . 研究庆典内容的相互作用性对愉悦度、庆典依恋度、庆典满意度及行动意图的影响 [J]. 旅游休闲研究，2020，32（12）：61-79.

[173] 朴得熙 . 通过网络分析研究旅游目的地的形象、场所依恋、行动意图之间的结构性关系 [D]. 首尔：庆熙大学，2015.

[174] 朴东镇，孙光英 . 旅游动机形象期待、满足及忠诚度之间的结构性关系：以安东地区访问者为对象 [J]. 观光学研究，2004，28（3）：65-83.

[175] 朴恩爱 . 旅游体验对愉悦度、满足、依恋和行动意图的影响 [D]. 釜山：东明大学，2018.

[176]朴恩京.文化遗产观光的真实性对观光者满意度和忠诚度的影响：以河回村为对象[D].济州：济州大学，2013.

[177]朴京美.活动访客的经验价值对感情反应和场所热爱及举办地态度的影响[D].首尔：京畿大学，2013.

[178]朴美秀.研究地区庆典和地区文化的一致性对庆典品牌文化和行动意图的影响[D].首尔：京畿大学，2008.

[179]朴仁哲.地区庆典体验对传统市场使用行动意图的影响：以讲故事的调节效果为中心[D].大田：韩南大学，2016.

[180]朴石熙.旅游空间及行动礼仪化对重访意向的影响[J].旅游学研究，2010，34（3）：11-28.

[181]朴相奎.地区旅游品牌与地区热爱度及品牌支持度之间的关系[D].首尔：顺天乡大学，2011.

[182]朴秀景，朴智慧，车太勋.体验要素（4Es）对体验乐趣、满意度、重访的影响[J].广告研究，2007（76）：55-78.

[183]朴在宽.研究地区庆典环境线索和旅游体验对庆典举办效果和访客满意的影响[D].首尔：东国大学，2011.

[184]千德熙.邮轮旅行体验因素对旅行者的感情反应和认知反应的影响[J].旅游学研究，2013，37（9）：185-206.

[185]权纯美.古宅体验项目属性对记忆、场所依恋度及行动意图的影响[J].釜山：京城大学，2021.

[186]全景焕.旅游目的地品牌个性对旅游目的地依恋度和忠诚度的影响[J].韩国摄影地理学会，2012，22（1）：13-26.

[187] 全英珠.会议服务评价和对协会的信任对会议满意的影响 [J].MICE 观光研究，2004，4（1）：51-67.

[188] 邵振峰，章小平，马军，等.基于物联网的九寨沟智慧景区管理 [J]. 地理信息世界，2010，8（5）：12-16，28.

[189] 申东柱.活动中的体验要素对体验愉悦度、体验满足及行动意图 的影响：以 Pine & Gilmore 的体验理论为中心 [J].旅游学研究，2010，34（9）：251-270.

[190] 申基澈.关于济州游客住宿设施选择属性和满足的研究 [D].首尔：京畿大学，2005.

[191] 申铉植，金昌洙.地区庆典故事对访客对场所的热爱和行动意图的 影响 [J].旅游学研究，2011，35（5）：277-298.

[192] 申勇在，徐宇钟.智慧旅游产业对韩国经济的影响研究 [J].电子商 务研究，2017，18（1）：291-307.

[193] 宋善英.赌场综合度假村的恢复性服务场景对场所热爱、场所忠诚 度的影响 [D].首尔：京畿大学，2021.

[194] 宋学俊，崔英俊，李忠基.根据 4Es 理论研究庆典访客的忠诚度 [J]. 旅游研究，2011，25（6）：179-198.

[195] 宋学俊，李忠基.寺庙住宿体验对游客行动意愿形成的影响：以体 验经济理论为中心 [J].旅游研究，2015，30（6）：303-322.

[196] 宋学俊.2012 丽水世博会访客的体验对感知价值和满意度的影响 [J]. 酒店经营学研究，2023，22（6）：159-174.

[197] 宋学俊.文化观光地选择属性、感知价值、满足之间的结构性关系 研究 [J].酒店经营学研究，2012，21（5）：219-236.

[198]宋英善.智慧旅游的开放空间信息现状分析 [J].旅游休闲研究，2018，30（11）：205-219.

[199]孙海景，朴哲浩，具本基.根据庆典访问经验形成感情的研究 [J].旅游研究，2012，27（3）：181-199.

[200]孙日权，尹京九.根据品牌经验类型，用户满意度对品牌热爱和再购买意图的影响 [J].经营学研究，2014，43（5）：1595-1626.

[201]王震云.游客的智慧旅游体验（4Es）对满意度和重访意图的影响 [J].韩国观光学会，2020（88）：341-345.

[202]吴善淑，尹英集.我国游客在韩国传统市场的体验质量对体验记忆体验满意度及旅游行动度的影响 [J].酒店旅游研究，2020，22（1）：75-90.

[203]吴胜玉.智慧旅游信息技术属性、令人印象深刻的旅游经验、感知价值、满意度研究 [D].全州：全州大学，2021.

[204]吴学安."智慧旅游"让旅游进入"触摸时代"[N].人民日报·海外版，2011-06-09（8）.

[205]徐敏静.海洋休闲运动参与者的体验对感情、记忆、满足和忠诚度的影响 [J].首尔：世宗大学，2012.

[206]玄慧京.庆典体验因素对回访及推荐意图的影响：以投入和满足的参数为中心 [D].全州：全州大学，2015.

[207]叶铁伟.智慧旅游：旅游业的第二次革命（上）[N].我国旅游报，2011-05-25（11）.

[208]尹慧珍.关于国际会议城市指定政策效果的研究 [J].MICE 观光研究，2010，10（3）：27-45.

[209]尹设玟，李泰熙．庆典节目和游客之间的相互作用性对愉悦度、满意度和行动意图的影响的研究 [J].旅游研究杂志，2013，27（2）：25-42.

[210]尹设玟，李忠基．查明根据体验经济（4Es）观点的庆典体验、迟到的品质、迟到的价值以及情绪投入间的影响关系：以 2016 首尔光灯庆典为中心 [J].旅游研究，2017，32（5）：79-96.

[211]尹设玟，宋学俊．以庆典质量、感情（快乐、觉醒、支配）、满意度以及庆典举办效果之间的结构性影响关系分析 – 刺激 – 有机体 – 反应（S-O-R）为中心 [J].酒店旅游研究，2016，18（6）：451-580.

[212]尹设玟，吴善英，河珍英．地区庆典访客的感知价值、满意度、态度以及行动意图之间的影响关系分析 [J].酒店旅游研究，2011，13（4）：82-97.

[213]尹设玟，张熙淑．验证访问古宫殿的游客的流动经验和满意度之间的影响关系 [J].酒店旅游研究，2019，21（3）：67-80.

[214]尹设玟．大田智慧旅游政策的方向和课题 [R].大田：大田世宗研究院，2021.

[215]尹设玟．根据体验经济（4Es）和体验营销（SEMs）观点，在庆典上游客体验对满意度的影响 [J].酒店旅游研究，2015，17（4）：337-360.

[216]尹设玟．根据体验经济（4Es）和体验营销（SEMs）观点，在庆典上游客体验对满意度的影响 [J].酒店旅游研究，2015，17（4）：337-360.

[217]尹世木，卢龙浩.关于产业展示博览会参观者的访问动机对满意度、重访意图、行动意图的影响的永久性 [J].旅游休闲研究，2005，17（1）：43-61.

[218]尹泰政，沈宇燮，李在坤.移动旅游目的地旅游信息的可信度对旅游目的地满意度的影响 [J].旅游经营研究，2018，82：25-46.

[219]尹贤熙，李镇浩.乡村旅游村落的地壳价值对场所热爱和环保行动意图的影响 [J].农渔村观光研究，2013，20（1）：53-71.

[220]尹秀智，金正喜.旅游城市品牌资产对旅游满意度和推荐意图的影响 [J].文化产业研究，2019，19（4）：7-17.

[221]尹英惠，金美成，尹宥植.消费者展会体验因素（4Es）对参观者满意度和行动意愿的影响研究 [J].贸易展示研究，2020，15（2）：21-41.

[222]张东东.关于主题公园体验、投入、依恋标志、重访意图及推荐意图之间影响的研究 [D].大田：又松大学，2019.

[223]张浩灿.旅游胜地的志愿服务活动经验对形成对场所的热爱和对作为游客重访意向的影响 [J].旅游学研究，2010，34（3）：29-57.

[224]张浩中，金东贤.休闲体育观光体验要素与乐趣及旅游行动意图的关系 [J].韩国体育学会志，2015，54（4）：427-437.

[225]张炯有.体育中心的服务质量对顾客满意的影响及顾客满意的媒介作用、参与度和愉悦度的调节作用 [J].服务经营学会，2012，13（1）：107-132.

[226]张良礼.根据绿色旅游资源偏好度，研究旅游体验满意度及绿色旅游商品开发支持度 [J].首尔：庆熙大学，2010.

[227]张秀英.信息生态视角下智慧旅游构建与发展路径研究 [J].经济问题,2018(5):124-128.

[228]张允英,徐元锡.外来游客的购物体验要素对满意度、情绪投入的影响:以 Pine & Gilmore 的体验经济理论为中心 [J].观光学研究,2014,38(10):199-219.

[229]章小平,邓贵平."智慧景区"建设浅探(上)[N].我国旅游报,2010-01-18(7).

[230]郑炳玉.利用 ICT 新技术的智慧旅游推进事例分析及活性化方案研究 [J].韩国文化信息学会,2015,15(11):509-523.

[231]郑承勋.海洋庆典的环境线索对访客的积极感情、感知价值、整体满意度和行动意图的影响 [J].旅游研究杂志,2015,29(3):77-92.

[232]郑亨植,崔秀雅,金英心.地区庆典的期待性、体验及感情对访问者满意的影响 [J].CRM 研究,2009,2(1):33-52.

[233]郑厚妍.旅游景区形象和热爱对旅游者满意度和忠诚度的影响 [D].首尔:京畿大学,2018.

[234]郑锡顺,李俊烨.关于展示体验要素(4Es)、访问价值、行动意图的研究 [J].旅游研究杂志,2011,25(2):175-193.

[235]郑熙贞,具哲模,郑南浩.为智能旅游的经济持续性,智能旅游体验的支付价值估计:利用 CVM[J].知识经营研究,2019,20(1):215-230.

[236]郑允熙,李钟浩.经验消费中的经验特性、快乐和负罪感、再经验意图的关系 [J].经营学研究,2009,38(2):523-553.

[237] 朱贤植 . 会议参加动机、举办地属性、满足及再参加意图之间的影响关系 [D]. 釜山：东亚大学研究生院，2001.

[238] 诸相镐 . 在农村体验村，整理心态对场所的热爱和体验质量、情绪连带的影响 [D]. 首尔：京畿大学，2016.

附　录

问卷调查

我国智慧景区游客体验、愉悦度、满意度、依恋度和行动意图间的关系研究——基于体验经济理论(4Es)

　　本问卷是以我国智慧景区游客为对象，实施对游客体验、愉悦度、满意度、依恋度和行动意图间的相关关系的研究。此次调查研究采用匿名形式，您提供的信息除用于学术研究外，不会另做他用。真心希望您能配合本次调查，您提供的信息必会成为本次研究的宝贵资料。谢谢！（※问卷用时：预计10分钟）

一、关于旅游智慧景区的内容，请熟知以下内容，并回答下列问题

　　智慧景区是引进并运用新技术（例如：AI、大数据、IoT、云计算、新媒体技术）的景区。

　　智慧景区提供如下的智慧型服务：

例如：智慧宣传、智慧票务、位置介绍、智慧导游服务、智慧型基础设施、智慧型旅游商务。

1.您是否有去过智慧景区的经历？（　　）。

①有（只跳转至1-1问题）　　　　②无（本问卷终止）

1-1.最近5年有没有访问过智慧景区？（　　）。

①有（只跳转至1-2问题）　　　　②无（本问卷终止）

1-2.最近5年你去过几次智慧景区？_____次。

表附录-1　根据旅游资源类型旅游景区大致分为以下类型

序号	类型	自然生态类景区	历史文化类景区	社会文化类景区	产业融合类景区	娱乐型景区
1	种类	山林、水域景观、地质地形等	古村古镇、文化遗迹、博物馆、红色旅游地、宗教文化等	艺术与传统运动活动地、各类文化活动地、城市公园等	医疗旅游、农村旅游、展示会、博览会等	主题公园、度假村、高尔夫球场等
2	示例图片					

2.根据上文说明，请选择您最近5年访问过的智慧景区种类。（多选题）（　　）。

①自然生态类景区　　②历史文化类景区　　③社会文化类景区
④产业融合类景区　　⑤娱乐型景区

二、下面是与智慧景区的技术要素相关的内容，请熟知以下内容，并回答下列问题

智慧景区包含的技术要素如下：

①智慧宣传：旅游景点 App、微信小程序、OTA（在线旅行社）App 等智慧景区的推送与宣传；

②智慧票务：使用智能手机 App 实现电子票务及使用打折券的服务；

③实时定位：通过含有 GPS、Wi-Fi、蓝牙等技术的智能手机及景区租赁设备掌握当前位置，获得旅游路线规划、紧急救助、周边设施等服务；

④智慧导游服务：利用景区语音导游器及智能手机，提供与景区解说相关的解说文本、语音、录像等；

⑤智慧型基础设施：免费 Wi-Fi、无人店铺、无人运输工具、智能停车等；

⑥智慧型旅游商务：在网上购买纪念物、特产等；

⑦其他。

3. 根据以上说明，请在您访问的智慧景区的技术要素中选择您最满意的项目。（   ）。

①智慧宣传　　②智慧票务　　③实时定位　　④智慧导游服务

⑤智慧型基础设施　　⑥智慧型旅游商务　　⑦其他

4. 请选择您游览智慧景区时的同伴是（   ）？

①家人　　②朋友　　③同事　　④旅行社团休　　⑤无（白山）

5. 请选择关于智慧景区您主要的了解途径？（多选题）（   ）。

①旅行社　　②朋友／亲戚　　③电视／广播　　④报纸

⑤互联网　　⑥智能机器　　⑦其他

6.国内旅游时，您一次旅游时间一般是多少_____天？

7.游览一个智慧景区时，您一般游览的时间是多少_____小时？

8.国内旅游时，平均每人大概花（　　　）费用？（包括交通费、食宿费、门票、景区内的消费等）

① 1000 元以下　　　　　　　② 1000 ～ 2000 元

③ 2000 ～ 3000 元　　　　　④ 3000 元及以上

9.游览一个智慧景区时，平均每人在景区内大概花（　　　）费用？（仅景区内的花费及门票）

① 200 元以下　　　　　　　② 200 ～ 400 元

③ 400 ～ 600 元　　　　　　④ 600 元及以上

三、下面是关于智慧景区体验的问题，请对各项目在认为最适合的分数上打钩

表附录 -2　智慧景区体验的问题

智慧景区体验		完全不赞同	←	一般	→	非常赞同
娱乐型的体验要素	1.智慧景区的旅游体验很有看点并使我非常愉快	①	②	③	④	⑤
	2.智慧景区的旅游体验有给人们带来乐趣的因素	①	②	③	④	⑤
	3.智慧景区的旅游体验有娱乐型因素	①	②	③	④	⑤
	4.智慧景区的旅游体验中娱乐型因素很有魅力	①	②	③	④	⑤
	5.智慧景区的旅游体验令我很开心	①	②	③	④	⑤

续　表

智慧景区体验		完全不赞同	←	一般	→	非常赞同
教育型体验要素	1. 智慧景区的旅游体验的新兴物能激发我的好奇心	①	②	③	④	⑤
	2. 智慧景区的旅游体验具有创意性的要素	①	②	③	④	⑤
	3. 智慧景区的旅游体验使我能学到很多东西	①	②	③	④	⑤
	4. 智慧景区的旅游体验能丰富我的知识	①	②	③	④	⑤
	5. 智慧景区的旅游体验相当有教育意义	①	②	③	④	⑤
脱离日常体验要素	1. 参与智慧景区的旅游体验时，我会短暂忘记日常生活	①	②	③	④	⑤
	2. 参与智慧景区的旅游体验时，我会短暂地脱离现实	①	②	③	④	⑤
	3. 参与智慧景区的旅游体验时，我感觉时间过得真快	①	②	③	④	⑤
	4. 参与智慧景区的旅游体验时的我和平时有所不同	①	②	③	④	⑤
	5. 智慧景区的旅游体验有缓解压力的要素	①	②	③	④	⑤
审美型体验要素	1. 参与智慧景区的旅游体验时，我所感受的氛围很有魅力	①	②	③	④	⑤
	2. 智慧景区的旅游休验的周边环境吸引了我的视线	①	②	③	④	⑤
	3. 光是参与智慧景区的旅游体验，我的心情就很好了	①	②	③	④	⑤
	4. 智慧景区的旅游体验项目的构成很协调	①	②	③	④	⑤
	5. 智慧景区的旅游体验的周围环境别具特色	①	②	③	④	⑤

四、关于智慧景区愉悦度的问题，请对各项目在认为最适合的分数上打钩

表附录 -3　智慧景区愉悦度的问题

序号	愉悦度	完全 不赞同	←	一般	→	非常 赞同
1	在智慧景区的旅游体验中，我的心情非常好	①	②	③	④	⑤
2	在智慧景区的旅游体验中，我身心愉悦	①	②	③	④	⑤
3	在智慧景区的旅游体验中，我充满活力	①	②	③	④	⑤
4	在智慧景区的旅游体验中，我很幸福	①	②	③	④	⑤
5	在智慧景区的旅游体验中，我很兴奋	①	②	③	④	⑤

五、关于智慧景区满意度的问题，请对各项目在认为最适合的分数上打钩

表附录 -4　智慧景区满意度的问题

序号	满意度	完全 不赞同	←	一般	→	非常赞同
1	我很满意智慧景区内的体验	①	②	③	④	⑤
2	我感觉游览智慧景区这段时间是值得的	①	②	③	④	⑤
3	我感觉游览智慧景区的花费是值得的	①	②	③	④	⑤
4	我很满意游览智慧景区的这个决定	①	②	③	④	⑤
5	我认为游览智慧景区这个决定是正确的	①	①	②	③	④
6	我总体上是满意的	①	②	③	④	⑤

六、关于智慧景区依恋度的问题，请对各项目在认为最适合的分数上打钩

表附录-5 智慧景区依恋度的问题

序号	依恋度	完全不赞同	←	一般	→	非常赞同
1	作为智慧景区，这里的环境和设施比其他地方好	①	②	③	④	⑤
2	比起别的地方，我更喜欢游览智慧景区	①	②	③	④	⑤
3	通过智慧旅游体验，这里对我来说是很有意义的地方	①	②	③	④	⑤
4	通过智慧旅游体验，这里对我来说是无可替代的地方	①	②	③	④	⑤
5	我对智慧景区产生了浓厚的依恋	①	①	②	③	④
6	智慧景区是我最享受的旅游活动的最佳场所	①	②	③	④	⑤

七、关于行动意图的问题，请对各项目在认为最适合的分数上打钩

表附录-6 行动意图的问题

序号	行动意图	完全不赞同	←	一般	→	非常赞同
1	智慧景区值得我重访	①	②	③	④	⑤
2	我有重访智慧景区的意向	①	②	③	④	⑤
3	我愿意为重访智慧景区付出努力	①	②	③	④	⑤
4	即使重访智慧景区会花费更多费用我也愿意	①	②	③	④	⑤
5	我会积极地谈起智慧景区	①	①	②	③	④
6	我会积极地向周围的人宣传智慧景区	①	②	③	④	⑤
7	我会积极推荐周围的人游览智慧景区	①	②	③	④	⑤

八、关于您的基础信息，请在相应的地方打打钩

1. 您的性别是（　　）？

①男　　　　　　　②女

2. 您的年龄（满）（　　）？

① 20 岁以下　　　② 20 ～ 29 岁　③ 30 ～ 39 岁

④ 40 ～ 49 岁　　　⑤ 50 岁及以上

3. 您的最高学历是（　　）？

①高中毕业及以下　　　②大专在学及毕业

③大学在学及毕业　　　④研究生在学及以上

4. 您的职业是（　　）？

①行政职　　　　②服务业　　　　③公务员、教师

④学生　　　　　⑤自营业者　　　⑥生产、技术职

⑦家庭主妇　　　⑧其他

5. 您的平均月收入是（　　）？

① 3 000 元以下　　　　　② 3 000 ～ 6 000 元

③ 6 000 ～ 8 000 元　　　④ 8 000 ～ 10 000 元

⑤ 10 000 元及以上

6. 您结婚与否？（　　）。

① 未婚　　　　②已婚　　　　③其他

谢谢您的回答！